# Dr.コパの金運爆上げ！一日一風水

小林祥晃

自由国民社

# はじめに

1 朝、起きたらそのまますぐに寝室を出てキッチンや洗面所に行く
2 体重を気にして甘いものは控えがち
3 宝くじや懸賞は当たるはずがないからチャレンジしない
4 冷蔵庫の中身はこまめにチェックせず、食材がいっぱい
5 物持ちは良いほうで、スマホも財布も3年以上同じものを使い続けている
6 自宅で過ごすときのファッションには気を抜きがちでいつも同じ
7 財布がレシートやカード類、小銭でパンパン
8 「お金がない」とつい言ってしまう
9 もったいないのでお風呂の残り湯を使い回す
10 「西に黄色」の風水をやっているが、黄色いものは置きっぱなし
11 スマホ決済が多く、財布は普段から持ち歩かない
12 お金持ちの人を前にすると緊張するので苦手
13 勝負弱いほうだ

14 季節の行事はあまりやらない
15 周りにはお金で苦労している人が多い

この中で、あなたはいくつあてはまっていますか。**実は、これらはすべてお金や金運を遠ざけるNG風水です。**

お金に恵まれないのは、日常生活が金運を遠ざけているから。毎日の生活を金運上昇シフトに移行させ、お金や金運に好かれるよう持ち物や食事、住まい、遊び、心がけや考え方も変化させましょう。本書では、これだけやれば1か月で金運が上がる風水術やスマホの風水術、そして懸賞や宝くじを当てる金運アップの風水術など分かりやすく、誰でも手軽にできるようにまとめていきます。

「金運は運の王様」。金運がアップすれば、健康運も仕事運も人間関係運も勝負運も、すべての運がアップします。令和時代は「金運はすべての運を引き上げる」という考え方がますます強くなりました。今後もこの傾向はさらに強くなっていくはずです。だからこそ、金運風水が一番大切。金運を高めてすべての運を引き上げ、どんな状況下でも幸せな自分を確立しましょう。

２０２２年11月

Dr.コパ

目次

# Dr.コパの一日一風水

## 金運爆上げ！

巻頭特集

1か月、これだけやれば 金運爆上げ！

〈一日一風水〉アクション

**1日目 アクション**

# 朝、寝室の窓を開けて「大金持ち！」と言う

私たちは、夜、眠っている間に、体内に溜まった厄を外に出しています。そして、きれいになった身体に金運を吸収しています。つまり、朝、目が覚めたとき、寝室には身体から出た不運や不幸が充満しているのです。

**起きたらすぐに寝室の窓を開け、不運や不幸を外に出してしまいましょう。換気は、厄を出して幸運を呼び込む重要なアクションなのです。**空気がよどんでいる場所に金運は入ってこないし、入ってきても居心地が悪いのですぐに出て行ってしまいます。

また、金運はお金持ちが大好きです。窓を開けて空気を入れ替えるときに「大金持ち！」と言えば、金運はその言葉が発する波動に惹かれてやってきます。そのあと、大きく深呼吸をしてください。体内にまだ残っている厄を吐き出し、やってきた金運を吸収することができるのでおすすめです。

●1か月、これだけやれば 金運爆上げ！●

2日目 アクション

# 食事のあとに必ず甘いものを食べる

金運を上げる代表的な食べ物といえば、甘いもの。風水では、金運を司る方位は「西」ですが、甘いものには西の運気が宿っているのです。食事のあとに甘いものを食べるだけで、手っ取り早く金運を体内に取り入れることができます。

**今日は、朝昼晩、3度の食事のあとに必ず、甘いものを食べましょう。ケーキでも和菓子でもチョコレートでもアイスクリームでも、甘ければ何でもOKです。**でも、よほどの甘党じゃない限り、3度ともしっかりデザートを食べるのはちょっとヘビーかもしれませんね。その場合は、アメ玉一個でもいいので、とにかく甘いものを一口食べてください。

ちなみに、無駄遣いしてしまったときも、甘いデザートで金運を補給しておくといいことをおぼえておきましょう。

# 3日目 アクション
# 普段履いている靴を1足心を込めて磨く

金運は大地から吸収します。大地に接している部分は足、つまり靴です。風水では、「幸運の気はきれいなものに宿る」といいますから、今日は心を込めて、普段履いている靴をきれいに磨きましょう。**金運は光沢のあるものが好きなので、つやのある革靴ならベスト。汚れを落としたあと、靴クリームをつけてピカピカに磨きます。**

また、「足元を見る」という言葉があるように、昔から銀行マンやサービス業の人などは、まず足元の靴を見てお客さんや取引相手を判断するといいます。靴がきれいなら問題ありませんが、汚れたり傷んだりした靴を履いていたら要注意というわけです。どんなに高級な服を身につけていても、靴がボロボロでは台無し。お金持ちは、靴にこそお金をかけるといいます。安い靴を何足も買うより、いい靴を手入れして長く履くほうが無駄なお金が出ないし、運が上がりやすいのです。

●1か月、これだけやれば 金運爆上げ！●

4日目 アクション

## 玄関のたたきを雑巾で水拭きする

玄関は、金運をはじめ、すべての運気の入り口です。ここが吉相になっていないと、大きな金運は入ってきません。また、当然のことですが、家族もお客さんも、玄関から家に入ってきます。そして、外から持ち込んだ不運や不幸を玄関のたたきに落としていくのです。不運や不幸が厄となってたたきに溜まっていると、家に入ってきた金運はその厄でダメージを受けてしまいます。

これを避けるには、1日の終わりに玄関のたたきを水拭きすることです。雑巾（白かラベンダー色がおすすめ）を水で濡らしてキュッと絞り、全体をきれいに拭きましょう。ほこりや汚れとともに、その日の厄をすっきりと落とすことができます。

金運を家に招きたいなら、まずは玄関のたたきをきれいにすること。今日から始めて、毎日の習慣にしたいものです。

# 5日目 アクション 家の西側に黄色と白の花を飾る

「西に黄色で金運アップ」、この言葉を一度は耳にしたことがあるという人は多いでしょう。これは、コパ風水のお決まりフレーズ。今や日本人なら誰でも知っていそうです。西に黄色で金運が上がる理由は、西は季節でいえば〝実りの秋〟を表し、秋になると豊かに実る稲穂の黄色が金運をもたらしてくれると考えるから。西に黄色いものを置くと、収穫、収入のパワーを引き寄せてくれるのです。

この「西に黄色」をさらに効かせるためのとっておきのワザが、白を加えること。白の持つ、豊かに育むパワーで、金運がどんどん育ち、大きな財産になるのです。家の西に配置する黄色と白は何でもいいのですが、手っ取り早いのは花。今日は、花屋さんに立ち寄って黄色と白の花を少量でいいので買い、家の西方位に飾りましょう。もちろん、庭や道端に咲いている花を摘んできてもいいですよ。

●1か月、これだけやれば金運爆上げ！●

## 6日目 アクション 財布の中身を全部出して外側も内側もきれいに拭く

財布はお金にとっての「家」です。私たちが自宅の環境を整えることで金運を吸収できるように、お金も財布から金運を吸収します。なので、お金がいつまでもそこで過ごしたくなるような、居心地が良くて運のいい財布を使うことが大切なのです。

「最近、無駄遣いばかりしているな」とか「金運がダウンしてツキがないな」などと感じるなら、まずは今、使っている財布の運気をリセットしてください。財布の中に入っているもの、現金はもちろん、カード類や領収書、レシートなどを一度全部出します。そして、乾いたきれいな布で財布の外側も内側もきれいに拭いてください。このとき、感謝の気持ちを込めながら拭くと、さらにいいですね。できれば、そのまま一晩、財布を休ませてから、翌朝、中身をきれいに入れ直します。これで財布についていた厄を落として、金運をよみがえらせることができますよ。

## 7日目 アクション
# 手の指の爪に黄色い点を描く

金運は足の裏や口から体内に入ってきますが、女性の場合は指先からも入ってくると考えられています。ですから、手指をハンドクリームなどできれいにケアするのは大切なこと。指輪やネイルカラーなどで美しい指をアピールするのも効果的です。

とくに、**指の最先端にある爪は、いつもつやつやにしておきましょう。毎日、黄色や白、ゴールドなどのネイルを塗るようにすれば金運が**アップしますが、仕事でネイルをつけられない人や、家事などですぐに剥がれてしまう人もいるでしょう。

そんな人たちにもおすすめなのは、爪にワンポイントで黄色い点を描く方法です。黄色のネイルカラーを爪楊枝などでポチッとつけてもいいし、油性のマーカーなどを利用してもＯＫ。目立たなくてかまいません。この小さな黄色い点を目印にして、金運が指先にやってくるのです。

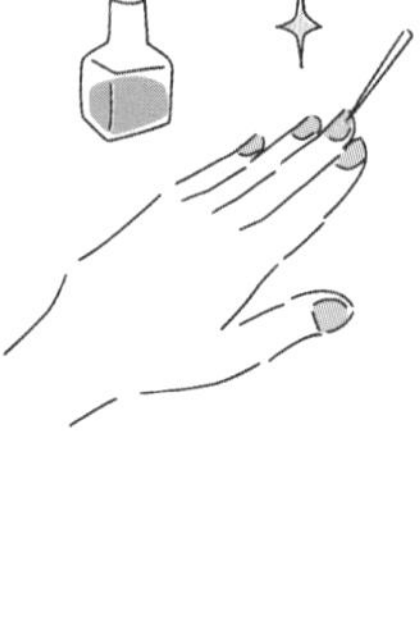

●1か月、これだけやれば金運爆上げ！●

## 8日目 アクション

# 宝くじやロトを買うか懸賞に応募してみる

風水では、「ギャンブルは眠っている金運を揺り起こす」といいます。ギャンブルと聞くと「無駄遣いで身を持ちくずしてしまう」と嫌う人も少なくありませんが、風水では逆に開運の道具。金運の詰まりを取り除き、眠っている金運を揺さぶるカンフル剤となるのです。

身近なギャンブルといえば、**宝くじや懸賞ですね。今日は、普段ギャンブルに縁がない人でも、宝くじやロト6などを購入してみるか、ハガキやインターネットで懸賞に応募してみましょう。**競馬の馬券を買うのもいいですね。最近、金運が思わしくないと感じている人なら、とくにおすすめですよ。面白いことに、宝くじ運や懸賞運が上がると、それにつられて仕事運や人間関係運など、ほかの運も一緒に上がってきます。ぜひ、お試しあれ！

# 9日目 アクション 明日使う予定のお金を書き出してみる

突然ですが、家計簿はつけていますか？　本格的な家計簿はつけていなくても、その日の出費を手帳やスマホにメモしているという人はいるでしょう。でも、実は金運を上げる家計簿は「未来家計簿」。すでに使ったお金を記録するより、未来の夢や目的を定め、そのために使う予定のお金を記録するほうが金運アップにつながるのです。

今日は手始めに、明日の予定を思い浮かべながら、使うお金を書き出してみましょう。「夕飯のおかずに千円、素敵なTシャツを探すのに3千円、髪を切りに行くので5千円、……」といった感じです。実際に使ったお金を書き出すより気持ちが浮き立つし、買い物の前に予算が立っているので自然と無駄遣いも防げます。書き出す際には、そのお金を使うことで手に入るメリットを思い浮かべて、できるだけ楽しい気持ちになるのがコツです。

●1か月、これだけやれば 金運爆上げ！●

10日目 アクション

# お金持ちの知り合いに用がなくてもメールを送る

コパ風水では「（人の）縁が、（お金の）円を呼ぶ」といって、金運と人間関係運には密接な関係があるとしています。良縁に恵まれ、人間関係が広がることで、金運もぐんぐん上がるのです。日頃から出会いの機会を増やし、周囲の人に親切にしたり、感謝の気持ちを表したりすることを心がけましょう。

また、金運を上げるには、お金持ちの言動を真似したり、お金持ちと縁を結んだりすることも大切です。「あんなふうになりたいな」とあこがれているお金持ちの知り合いがいるなら、メールやハガキを送ってみましょう。とくに用事はなくても、「最近、どうしていますか？」程度でOK。短い挨拶でかまいません。直接電話をかけるより、メールやハガキなら気軽に送りやすいでしょう？　それだけのことでも、お金持ちとしっかり縁をつけることができるのです。

11日目 アクション

# キッチンマットをきれいに洗い日光に当てて干す

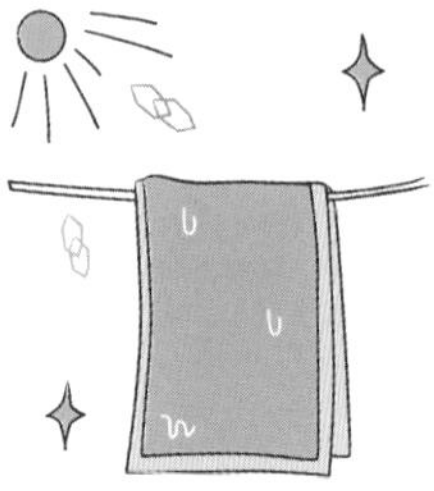

どうしてもお金が貯まらず、いつもお金がないことに悩んでいるなら、家に貧乏神が住みついているのかもしれません。貧乏神は、家の中のどこにいるのかというと、実はキッチン。しかも、床付近にうずくまるようにしています。

風水でも、キッチンはその家の金運や健康運を左右する場所。換気を良くして、いつもきれいに掃除をしておくことで、貧乏神を寄せつけません。そうはいっても、1日でキッチンをピカピカにするのは難しいでしょうから、まずやってほしいのが足元をきれいにすること。**キッチンマットを洗って、太陽の光に当てて乾かしましょう。ついでに、キッチンの床についた油汚れなども拭き取っておいてください。**キッチンマットを敷いていないという人は、今日、買いに行くのもいいでしょう。「金運アップの場所はキッチン。まずは床をきれいに」を忘れないでくださいね。

●1か月、これだけやれば金運爆上げ！●

12日目
アクション

# 鏡をきれいに拭いて とびきりの笑顔を映す

鏡は古代より超人的な大きな力を宿すものと考えられ、神事に使われてきました。風水でも、不運や不幸をもたらす悪い気をはね返したり、間取りの欠けを補ったりするパワーがあるとされています。**家にある鏡は、いつもピカピカに磨いておくことが大切です。曇った鏡は、本当の自分、長所や才能を映してくれないし、鏡が持つ本来のパワーも落ちてしまうのです。**もちろん、金運もダウンします。

今日は、玄関や洗面所、お風呂など、どこでもかまわないので、ひとつの鏡をきれいに拭き、その鏡ににっこりと笑いかけてみてください。おかしくもないのに笑えないという人は、つくり笑いでもいいのです。これで、知らないうちについてしまった厄をきれいに落とし、鏡に映る笑顔から大きな自信をもらえます。外出先でも、化粧直しの際にコンパクトミラーなどをきれいに拭いて、笑顔を映しましょう。

# 13日目 アクション 額を出して丸くハイライトを入れる

金運美人をつくるメイクの条件は、ふっくらとした印象に仕上げるナチュラルメイク。第一に、額が広くて丸みを帯び、つやつやと輝いていることが肝心です。風水では「広くて丸いおでこには、お札が貼りつく」というんですよ。

普段、前髪を垂らしている人も、今日は上げて額を出しましょう。**もともと額に丸みがあって前に出ている、おでこの人が理想ですが、そうでない人も額に薄くハイライトを入れて丸みとつやを出して。チークブラシで頬に入れたハイライトを、そのまま額にも少しプラスするイメージです。**これで、頬と額のふっくら感が強調されます。

また、最近は「小顔」になりたい女性が多いようですが、金運に恵まれるのは下ぶくれ気味の顔。頬からあごにかけてのフェイスラインにもハイライトを入れて、下部をふっくらと見せてください。「小顔」より「お多福顔」ですよ。

●1か月、これだけやれば金運爆上げ！●

14日目 アクション

# スマホの使っていないアプリをアンインストールする

各種支払いや残高チャージ、投資などもスマホでできる時代。今や、スマホの使い方や選び方にも風水を応用することでも、金運アップが可能になってきました。お財布代わりに使われていることに加えて、自分の写真や関係する人たちの住所録、スケジュールなど、身のまわりのことすべてが入っているスマホは、自分の人生や運命を左右する存在といっても過言ではないかもしれません。

まず、最初にやってほしいのが、日常的に使っていない不要なアプリをアンインストールすること。「別に、あって困るものじゃないし……」と思うかもしれませんが、幸運も金運もスペースがあるところにしか入ってきません。ガラクタでパンパンになった押し入れに、新しい荷物は入れられないのと同じことです。大きな金運や金運アップ情報が入ってくる余地をスマホにも残しておくようにしてください。

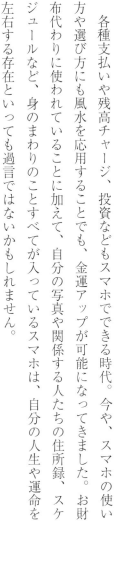

# 15日目 アクション 鶏肉か卵か黄色いものを食べる

金運アップの3大食材といえば、「鶏肉・卵・黄色いもの」。今日は、このうちのひとつを必ず食べるようにしましょう。もちろん、全部食べれば、金運が大きくアップしますよ。

一般に、**肉類は仕事運を上げる食材で、金運にも影響力を与えます。中でも、直接的に金運を上げてくれるのが鶏肉。今すぐお金がほしいなら鶏肉を食べましょう。**

**卵も金運アップに最適。**生でも茹でても焼いても蒸してもいいですが、一番いいのは卵焼き。こんがり焼けると、より黄金色に近づきます。

最後の「黄色いもの」は、バナナでもパイナップルでもレモンでも黄色いパプリカでも何でもOKです。チキンと茹で卵入りのカレーに、黄色いターメリックライスを添えたりすれば、最強の金運アップ食になります。

●１か月、これだけやれば金運爆上げ！●

16日目 アクション

# 家から一番近い神社にお参りする

昔から「苦しいときの神頼み」といいますが、苦しいときも、そうでないときも、神様はいつも私たちの願いを聞き届けてくれます。金運に恵まれたいなら、日頃から神様にお願いしておきましょう。有名神社のほうが、ご利益があるというわけではありません。実は、私たちの親身になってくれて、とても頼りになる神様は、自宅から一番近い神社やお住いの地域の氏神様にいらっしゃるのです。

**神社では、神殿の前で一礼してから、お賽銭を入れ、二拝二拍手一拝で神様にご挨拶を。具体的には深く二回お辞儀をしてから二回柏手を打ち、自分の名前と感謝の気持ち、願い事を伝えます。**最後にもう一回お辞儀をして、帰ります。行きは鳥居をくぐる前、帰りは鳥居を出てから、神殿に向かって軽く頭を下げるのも忘れずに。朝、お参りすると、清々しい気持ちで1日を始めることができますよ。

17日目 アクション

# 家の中心近くにお金に関するものをしまう

玄関から家の中に入ってきた幸運は、家の中心を通り、玄関の対角側へと進んで、その後再び、家の中心に戻ってきます。この幸運の通り道を、コパ風水では「ラッキーゾーン」と呼んでいます。また、西から入ってきた金運は、家の中心を経由してから北へ行って蓄えられ、その後再び、家の中心を通って東北に進んで財産になります。中心には、このように四方八方からあらゆる運気が集まってくるのです。つまり、家の中心は、強力なパワースポット。**現金や財布、貯金通帳、株価証券など、お金に関する大切なものは、家の中心近くにしまっておくようにすると、大きな金運が宿ります。貴金属や宝くじを保管しておくのもいいですよ。**中心のパワーを上げる黄色とラベンダー色の2色が使われた布に包むか、箱や袋にしまっておけば、さらにラッキーです。ただし、中心がキッチンや水場の場合は、避けたほうが賢明です。

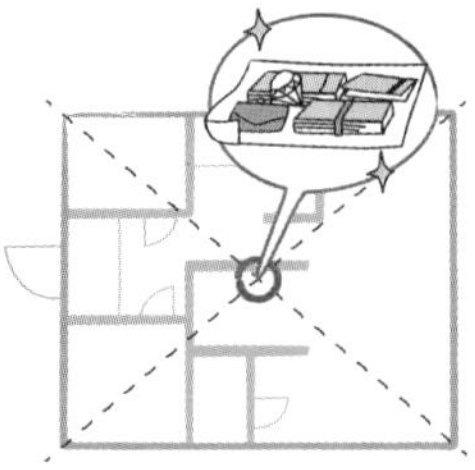

●1か月、これだけやれば金運爆上げ！●

18日目 アクション

# いつもより大きなバッグを持って外出する

女性のみなさんは、バッグが好きですよね。「バッグは1つしか持っていない」という人はほとんどいないのでは？　ファッションに合わせて、または荷物の量に合わせて、いくつものバッグを使い分けている人がほとんどでしょう。

実は、風水では、バッグやカバンは財運を入れるものと考えます。荷物でパンパンになっているより、財運が入る余裕があるほうがラッキー。だから、男性も女性も、大きいものを持ち歩いたほうがいいのです。

今日は、持っているバッグの中で一番大きいものを持って出かけましょう。大は小を兼ねるので、1泊旅行に使えるようなサイズでもOKですよ。外出先から、たくさんの財運を持ち帰るはずです。帰宅後は、中のものを全部出して、きれいな布で全体を拭いてから、型崩れしないよう気をつけて保管しましょう。

# 19日目 アクション 自宅で過ごすときも貴金属を身につける

光を放ち、金運をはじめとする大きな幸運を引き寄せる貴金属は、これからの時代、ますますパワーを発揮する開運アイテムになります。身につけた人を不運や不幸や病魔から守り、その人の魅力や才能や眠っている運を引き出してくれるのですから、このパワーを活用しない手はありません。お出かけするときだけではなく、家にいるときも含め、ずっとお気に入りの貴金属を身につけて過ごしましょう。

**貴金属はどんな種類でもかまいませんが、金運を引き寄せたいならゴールドやダイヤモンド、黄色い石などが使われているものがおすすめ。ゴールドとプラチナなど金銀がコンビになっているものもいいですよ。**

人生に必要なのは「センスよりも運」。たとえ悪趣味と思われようと、今日はリングやネックレス、ピアスなど、たくさんつけてみてください。

●1か月、これだけやれば金運爆上げ！●

20日目 アクション

# しばらく使っていない口座からお金を下ろして清める

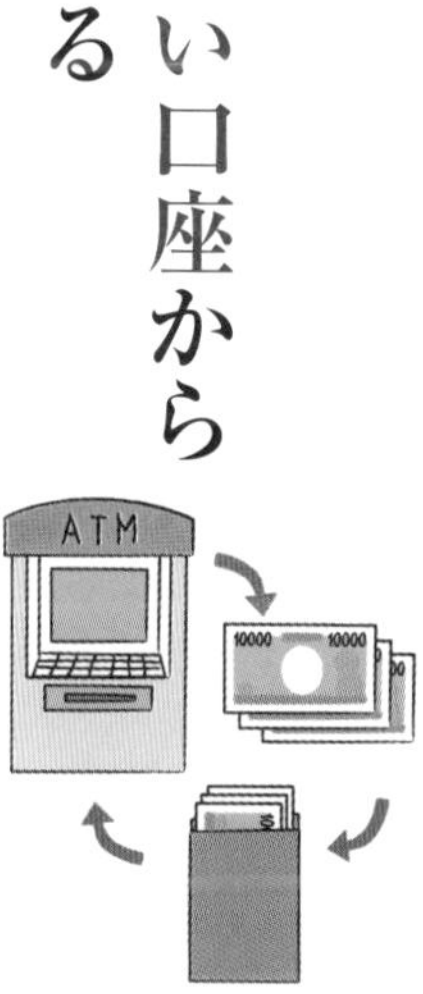


お金というものは、社会の中を常に循環するという性質があります。これは、血液が休みなく体内をめぐっているのと似ています。血のめぐりが悪くなると、内臓の働きが悪くなるなどして健康に支障が出やすくなるように、お金も長い間ひとところに留めておくと厄がつき、持ち主の金運も下がってしまいがちです。

ヨーロッパには古くから血液クレンジング療法が盛んに行われていて、近年、日本でも人気のようです。これは、体内から100～200ccの血液を抜いてオゾンガスを注入し、また体内に戻すというもの。これによって全身の血液をきれいにできるそうです。同様に、**しばらく現金の出し入れをしていない口座から少しお金を下ろし、ラベンダー色の封筒に入れるなどして3日ほど清めておきましょう。**この現金を再び口座に戻すことで、口座のお金全体の厄落としをすることができます。

21日目 アクション

# 鬼門ラインをきれいにして盛り塩を置く

家の中心から見て東北を「表鬼門」、南西を「裏鬼門」といい、家の中心を通って両方を結ぶラインを「鬼門ライン」といいます。この鬼門ラインは、神様の通り道。新しい変化を起こすと同時に、金運や財運にも影響します。ここが汚れていたり、散らかっていたりすると、財産をなくしてしまう恐れがあるのです。金運の神様も逃げ出してしまいます。鬼門ラインに玄関やキッチン、トイレや浴室などの水場がある家は、とくに気をつけてください。

今日は、家じゅうを掃除しなくてもいいので、**この鬼門ラインだけはきれいにしましょう。散らかっていたら片付けること。掃除が終わったら、天然の粗塩を10グラムほど使って、東北と中心と南西の3か所に盛り塩をしてください。**これで家の空気が変わったことを感じられるはずです。

●1か月、これだけやれば金運爆上げ！●

22日目 アクション

# 普段使っていない上等な食器を使う

金運は毎日、食べたものを通しても体内に入るので、どんなものを食べるのかということはとても重要です。さらに、忘れてはいけないのが「食器」。食べ物ばかりではなく、直接口をつける食器からも運を吸収しますから、どうせならパワーのある食器を使いたいものです。

運を上げるには、なるべく上等なものを使うこと。どの家にも、お祝いのお返しなどでいただいたものの食器棚などにしまい込んだまま使っていない高級食器があるでしょう？　買ったけどもったいなくて使っていない食器もあるかもしれません。それらを出してきて、日常的にどんどん使ってください。

金運アップには、白や黄色の器や白地にゴールドの縁取りがされている器もおすすめ。フルーツ柄の食器にも金運パワーが宿っています。

23日目
アクション

# デパートのブランド売り場や高級ホテルのロビーに行く

お金持ちが多くいる場所には、大きな金運が漂っています。会員制のクラブやラウンジやスポーツジム、海外ブランドショップ、高級住宅地や別荘地、一流レストラン、高級車のショールーム、競馬場の貴賓席、新幹線のグリーン車などが、パッと思いつく場所でしょうか。そういうところを訪れるだけでも、金運を吸収できます。

実際に買い物はしなくても、たとえばデパートなどのブランド品売り場などでウィンドウショッピングはできるでしょう。実際に泊まらなくても、高級ホテルのロビーに足を踏み入れ、誰かと待ち合わせをしているかのようにふるまうだけでもかまいません。大きなお屋敷を眺めながら、高級住宅地を散歩するのもおすすめです。これなら、お金をかけなくてもできますよね。風水は環境学ですから、お金持ちになりたいなら、お金持ちがいつも過ごしている環境に身を置くのが効果的ですよ。

●1か月、これだけやれば金運爆上げ！●

## 24日目 アクション
# 頭に粗塩を少量乗せてシャワーで洗い流す

金運がダウンしてしまったり、上がらなかったりする大きな原因に、普段の生活の中で無意識につく「日常厄」があります。ストレスや悩み、グチ、人からの妬みなどが何層にも重なって厄となり体内に溜まると、外から取り入れる金運や幸運をキャッチできなくなるのです。

こうした事態を解消するのにおすすめなのが、**頭に10グラムほどの粗塩をのせて、軽くもみ込んでからシャワーで洗い流す方法。コパ風水では「頭に盛り塩シャワー」として知られています。**塩は、大自然のエネルギーが詰まった国産で天然の粗塩を使ってください。シャワーで流すときは「祓いたまえ、清めたまえ」とつぶやいて。お風呂から上がるときなどに行えば、全身がすっきりして軽くなり、気持ちも明るくなるのを感じられるはずです。

25日目 アクション

# 起きてから寝るまで「お金がない」と言わずに過ごす

いつも口ぐせのように「お金がない」と言っていると、本当にお金がなくなってしまいます。今あるお金も、気を悪くして「ここにはいたくない」と思ってしまうでしょう。また、言霊の作用で、お金がない現実を引き寄せてしまいます。そのため、この言葉を絶対に口にしてはいけません。**「お金がない」ではなく「今、貯めているところ」と言い換えるなど、前向きな言葉を使うよう心がけてください。**

また、人にグチを言うのもやめましょう。不満を溜めて吐き散らすのは、厄を溜めて周囲に撒き散らすのと同じです。増幅して、自分自身に返ってきます。

どうしてもがまんできないときは、人にグチるのではなく、心の中でつぶやくか、紙に書くようにしましょう。なるべく楽しいことを考え、笑顔で過ごせば、お金とも仲良くなれますよ。

●1か月、これだけやれば金運爆上げ！●

26日目 アクション

# 枕元にジュエリーボックスを置き北枕で寝る

人は、眠っている間に厄を落とし、幸運を吸収します。そう考えると、寝室はとても大切な空間。ただ眠っているだけで、金運も幸運もたくさん吸収できるような空間にしましょうよ。

**寝室で金運アップする風水の基本は「北枕で寝て、枕元に金庫を置く」。北枕で寝るとぐっすり安眠できるうえに、金運や財産、愛情も手に入るのです。**どうしても北枕で眠るのが難しい場合は、北西や東北など、頭を北側に向けてください。

また、昨今の住宅事情では、金庫を枕元に置くのは現実的ではないかもしれませんが、要は金運を強力に引き寄せるものを置けばいいのです。おすすめは、貴金属がたくさん入ったジュエリーボックス。大切にしている貴金属のアクセサリーや、金色などの光る置物でもＯＫです。コパデザインの干支の置物もおすすめです。

# 27日目 アクション
# 吉方位に向かって15分以上歩く

風水には、「吉方位に出かけて開運する」という考え方があります。吉方位に行き、そこで過ごせば、幸運を吸収できるのです。自分にとっての吉方位は、生まれた年の本命星が分かれば調べられます。この本の巻末に吉方位表を掲載していますので、参考にしてください。

基本的に吉方位は、自宅から遠ければ遠いほどよく、長い時間を過ごすほど効果が大きいとされています。しかし、そうはいっても、なかなか遠方に旅行する機会がないことも。**そんな場合は、短い距離、短時間でもOK。今日は、自分の吉方位に向かって、15分以上歩いてみましょう。**出かける前に吉方位に目的地を定め、着いたらそこでしばらく過ごすようにします。目的地は、公園でも喫茶店でも図書館でもいいのですが、自然を感じられる場所ならさらにいいでしょう。

●1か月、これだけやれば 金運爆上げ！●

28日目 アクション

# 東南に香りのいいグッズを置く

風水では、「（人の）縁が（お金の）円を呼ぶ」といいます。人間関係を良くして、豊かな人脈を築くことで、金運を上げることができるのです。これからの時代はますます、人と助け合ったり、情報交換したりすることが、財テクなどにも欠かせなくなるでしょう。

人間関係や人脈を司る方位は、東南です。家の中の東南をきれいにして、いい香りを漂わせておくと、金運アップにつながるような人間関係に恵まれます。アロマグッズなどを置きましょう。柑橘系の香りがとくにおすすめです。レモンやオレンジ、グレープフルーツなどの精油を数滴垂らしたハンカチなどでもいいですよ。

香りのいい花を飾るのもおすすめです。その場合は、赤、白、ピンク、黄色の4色、4本の花にすると、東南のパワーをいっそう高めてくれます。

29日目 アクション

# 冷蔵庫の中の賞味期限切れの食品を捨てる

食べ物は、口から身体に入って、吸収されます。直接、体内に取り入れられるのですから、その影響ははかりしれません。栄養的にはもちろんですが、開運に与える影響も大きいのです。

開運のためには、運のいい食べ物を食べることが何より大切。運のいい食べ物というのは、新鮮なことが大前提です。傷んだ生鮮食品はもちろん、賞味期限が切れた食品は運の消費期限も切れていいます。そうしたものを食べていると、運が悪くなるのは当然です。冷蔵庫を開けて、奥のほうに入ったままになっている賞味期限切れの食品を全部、捨ててください。ドレッシングなどの調味料も忘れずにチェックすること。

冷蔵庫も収納スペースも、ぎゅうぎゅうに詰まっていては、金運が入る余地がありません。すっきりと整理して、新しい運を呼び込みましょう。

●1か月、これだけやれば 金運爆上げ！●

30日目 アクション

# 西を向いて夕日や秋を思わせる音楽を聴く

音楽を聴いて金運を上げましょう。たとえ一人暮らしだとしても、実は、家も音楽を聴いています。家にいるときはいつも音楽を聴いているという人は、なるべくヘッドフォンなどは使わず、家が音楽を吸収できるようにしてください。そして、同じ聴くなら、金運を上げる効果がある音楽を聴きましょう。

おすすめなのは、豊かさや幸せを感じられる音楽。金運が良かったときによく聴いていた曲もおすすめ。ジャンルは何でもかまいませんが、あまり騒々しいものよりは、ゆったりと落ち着いたテンポのものがいいですね。夕日や夕暮れの光景を思い起こさせる曲や、実りの秋をイメージできるような曲がおすすめです。金運を左右する西のパワーを上げる効果があります。ＣＤプレイヤーやスマホ、スピーカーなど、音の出るものは東に置き、西を向いて聴くようにしましょう。

# 31日目 アクション 「玄関―中心―玄関の対角」のラッキーゾーンを掃除する

幸運は玄関から家の中に入ってきて、家の中心を通って、玄関の対角側までまっすぐ進んでいきます。この「玄関―中心―玄関の対角」のラインは、幸運の通り道として「ラッキーゾーン」、または幸運に見立てた龍が通る道として「龍脈」と呼ばれます。幸運を家の奥まで引き込み、住人たちに十分に吸収されるためには、ラッキーゾーンが吉相になっていることがとても大切なのです。

まずは、ラッキーゾーンをきれいに掃除すること。幸運が嫌うゴミやホコリが落ちていたら拾い、幸運が通るのに邪魔になる不要な荷物などが床に置きっぱなしになっていたら移動させましょう。ラッキーゾーンに水場や階段、欠けなどのダメージがある家は必ず盛り塩をして、水場なら換気を徹底してください。

Dr.コパの金運爆上げ！一日一風水

# 第1章 スマホ&お財布で金運爆上げ！

## 1 本体やスマホカバーはラッキーカラーを意識する

コパは15～16年前から「人はケータイの中に住むようになる」と話していたのですが、最近「あれは名言でしたね」と周りからよく言われます。今や生活にまつわるすべてがスマホに集約され、財布代わりに使われる時代です。ですから「開運財布」と同じくらい、運のいいスマホを持つことは重要です。

**まずは本体やスマホケースにラッキーカラーを取り入れるのが手っ取り早い金運アップ法。**特にケースは家で例えるなら「門」のような役割を持つので、質のいい革製などにすると格が上がります。また、その年のラッキーカラーはもちろん、金運＝黄色、厄落とし＝ラベンダー色といった色風水を参考に取り入れてもいいですね。本体の色がケースで隠れてしまっても効果は変わりません。ちなみにコパはスマホの2台使いですが、よく使うので毎年のように買いかえています。

●スマホで金運爆上げ！●

## 2 その年の干支のストラップをつける

風水では「その年の干支はその年の幸運を運んでくる」と言い、最強の開運アイテムと考えられています。昔は新年を迎えると、干支の置物を玄関などに飾る風習があったでしょう？　日本でも多くの人が、古くから風水の縁起を取り入れていたのです。あなたの分身とも言えるスマホも守ってもらえるよう、住まいと同様に干支のストラップをつけましょう。最高の情報や金運を引き寄せてくれるはずです。

でも、最近のスマホはストラップホールがないタイプも多いですね。そんな場合は**ホール付きのスマホケースはもちろん、干支のシールを貼ってもいいでしょう。**充電器やスタンドなど、スマホの周辺機器につけてもＯＫです。ちなみに２０２３年の干支は卯。ますます情報を上手に取捨選択することで大金持ちになれる年に突入します。ぜひ卯のストラップをつけてパワーアップさせましょう。

# 3 神棚の近くか東にスマホを置いて充電する

コパは最近、「どんなスマホを使うか」というより「どこで充電するか」ということをよく考えます。最近はスマホの性能も上がったし、いろいろな機種も発売され、みなさん自分に合ったスマホを使いこなしていますよね？　ですから、スマホ自身のパワーをチャージする〝充電〟が、金運を左右するようになると思うのです。

家の中のさまざまな場所で試した結果、**神棚の前で充電するのが一番効果を感じました。神様が見ている前で充電することで、スマホに大きなパワーが注入されるようです。**外で持ち歩く際もスマホがお守り代わりになってくれていることを実感します。

寝る直前までスマホを手放さない人も多いようですが、風水的にも健康面でもこれはNG。スマホはベッドサイドではなく、ぜひ神棚の近くに置いてパワーチャージさせましょう。神棚がない場合は、情報と相性のいい東で充電してもいいでしょう。

●スマホで金運爆上げ！●

# 4 「実のなる木」の絵を待ち受けにする

スマホケースが家の門なら、待ち受け画面はズバリ「玄関」。金運は魅力的な玄関ほど入ってくるものですから、待ち受けもこだわるようにしましょう。おすすめは実がなる木の絵。みかんやレモンなど、金運アップの黄色い果実がたわわに実った木の絵はとくにいいですね。コパも自分で描いた金運の木の絵をよく待ち受けにしています。ただ、できれば待ち受けは気分転換も兼ねてちょこちょこ変えたほうがいいですね。そのほうが運の循環も良くなり、目まぐるしく情報が変わる現代のスピードにマッチします。例えばお金持ちになったときに見える（と思う）画像を待ち受けにするのもおすすめ。**大豪邸や高級車、豪華な夜景や海外リゾートの景色、きらびやかなジュエリーなどもいいでしょう。**実のなる木の絵とこれらの画像を頻繁に目にすることで、大金持ちになった自分をより具体的にイメージできるようになるはずです。

# 5 音楽を聴いたり名作映画を観る

スマホといえばオーディオ代わりにもテレビ代わりにもなりますね。これまで住まいの風水ではさんざん「ステレオやテレビは音と相性のいい東に置いてください」と言ってきたのですが、それが叶わない家でもスマホなら簡単。ぜひ家や部屋の東にスマホを置いて、音楽を聴いたり動画を見たりしましょう。おすすめ音楽については巻頭でも説明したので割愛しますが、動画なら名作映画や秋の風景、バレエ、クラシックコンサートなどが金運アップに効果的です。趣味に関する動画もいいですね。音楽と同様、西を向いて鑑賞するようにしてください。

コパもある動画配信サービスに加入しているので、移動中やロケの合間によく楽しんでいます。外出先でも、できるだけ東にスマホを置いたり、西向きで視聴するようにしていますよ。

●スマホで金運爆上げ！●

## 6 ブログやＳＮＳで夢や願いごとを発信する

金運はその言葉が発する波動に惹かれてやってくると風水ではいいますが、波動は文字にも存在します。ネット時代は、スマホさえあれば自らの文字を全世界に発信することができますから、金運アップのために使わない手はありません。実際に夢を現実にしてくれる人や、金運のいい人とのつながりができる可能性も大いにあります。

**ポイントは、夢や願いごとを前向きで明るい言葉で表現すること。願いが叶った自分を想像して書く（打つ）といいでしょう。**反応がなくても全然気にしなくてＯＫ。楽しんで続けることで効果が出てきます。

どうしてもＳＮＳに抵抗があるなら、メモアプリに夢や願いごとを書き留めておくだけでもいいでしょう。スマホに入っている情報は、いわば住まいのインテリアと同じ。夢にあふれたインテリアには、運がどんどん入ってくるようになるのです。

# 7 相手のいる方向を向いてメールや電話をする

コロナを経験して、私たちは「人に会う」ことの尊さをつくづく実感しましたね。とくに仕事の場面では、相手が時間を作ってわざわざ会いに来るというのはよっぽどのこと。日々いろいろな相談や交渉をされるコパですが、コロナ以降も対話の重大さは「メール＜電話＜ビデオ電話＜対面」という図式になっていくのだろうなと感じています。そう、今や大抵の話はスマホひとつで済んでしまう時代なのです。

だからこそ、**仕事や交渉事、とくにお金が動くメールや電話をする際は、相手がいる方向を向くようにしましょう。**実際に対面している様子を想像して、姿勢を正してメールを書いたり、御礼やお詫びを伝えるときは頭を下げるようにします。こうすることで、相手へパワーを送るだけでなく、相手からのパワーも受け取りやすくなるため、タイミングが合い、伝わりやすい話ができるようになるはずです。

●スマホで金運爆上げ！●

# 8 アドレス帳や写真の整理をする

すでに、不要なアプリは速やかにアンインストールしましょう、とお話ししましたが、丸ごと削除はできないものの中が煩雑になりがちなのが住所録や写真アプリ。顔も思い出せない人の連絡先が登録されていたり、どうでもいい画像がたくさん入っていたり……。これ、ほとんどの方が思い当たるのではないですか？　**風水では「すっきりするほど家の中に幸運が行き渡る」と考えるので、整理整頓や掃除は基本の開運アクション。**スマホを家に例えるなら、アプリは間取り。その中に入っている余計な情報は部屋が散らかっていることを意味します。インテリアの統一性もないので、風水的には最悪の状況。例えばアドレス帳なら「運のいい人、良くない人」で整理してみるのが金運アップにおすすめです。写真は「大金持ち」と言って撮影したものを保存していけば、金運もどんどん貯まっていきます。

# 9 開運数字をパスワードに取り入れる

数字にもひとつひとつにエネルギーがありますから、スマホのパスワードには開運数字を取り入れるといいでしょう。セキュリティのしっかりした住まいのように、悪い情報をしっかりシャットアウトしてくれます。また、銀行やカードの暗証番号と同じで、定期的に変更したほうが防犯上はもちろん、金運アップにも効果的です。

風水的に金運にいい数字の代表格と言えば「115」や「8」。115は金運やツキをもたらす最強の開運数字。天下を取る数字ともいわれます。末広がりの8は縁起のいい数字で、金運だけでなくどんな願いも叶えるパワーがあります。また、コパ風水ではその年のラッキーナンバーも発表していて、2023年は「4」と「9」です。その年のラッキーナンバーは1年中パワーをもたらしてくれます。これらの数字と自分の誕生日などを上手に組み合わせるのもおすすめです。

●スマホで金運爆上げ！●

# 10 3年以内に新しく買い替える

スマホは1日に何回も見たり触わったりしますし、お財布の役割も担っているものですから、お財布と同様3年以内に新しいものにしたほうがいいでしょう。とくに、画面にヒビが入っているスマホは、3年経っていなくても即効修理するか買い換えを。なぜなら、窓ガラスが割れた家に済んでいるのと同じことを意味するからです。「割れ窓理論」をご存知ですか？　アメリカの心理学者が提唱した犯罪理論で、ひとつの窓を割ったたまま放置していると、その周辺の窓も割れて治安が悪くなる——つまり、小さな防犯を怠ることが大きな犯罪をつくりだすということを表します。

**スマホのヒビを放置しておくことは、泥棒（凶運）が入りやすくなり、大きな金運を逃すことにつながるのです。**ちなみに買い換えるなら、お財布同様風水的にいい日を選ぶといいでしょう（後で詳しく説明します）。

# 11 お財布は3つ用意して使い分ける

お財布はお金にとっての「家」であると同時に、人生を共にする「相棒」のような存在でもあります。豊かでお金に困らない人生を送りたければ、あなたの味方になってくれる相棒はたくさんいたほうがいいですよね？　ですから、**コパのお財布風水では気分や行く場所、目的などに合わせて、お財布をいくつか使い分けることをおすすめしています。**最低でも次ページから説明する3つのお財布は用意してください。

1つのお財布を後生大事に使い、あらゆるシチュエーションにおいて頼ろうとすると、お財布のほうだって重荷に感じてしまいます。また、そのお財布があなたにとって本当にベストなのかどうか、ほかのお財布も使って比べてみないとわかりませんよね。それに、いくつかのお財布を使うようにすれば、使っていないお財布はその間、ゆっくりと休んで厄を落とし、新しい運を補給することもできるのです。

●スマホで金運爆上げ！●

# 12 「内側」に黄色が使われた革財布を持ち歩く

３つのうち一番目のお財布は、普段使う「日常財布」。色は黒や茶、ベージュなどオーソドックスなものが◯。黒いお財布は中に入ったお金の格を上げてくれますし、茶色は不動産運や家庭運にいい影響をもたらしてくれます。もちろんその年のラッキーカラーも◯。ただし、赤と黄色、ブルーはたとえラッキーカラーでも避けてください。

素材は上質な革製がベスト。そして実は外側以上に、**お金が直接触れる部分でもある「内側」の色が重要で、ここに黄色やラベンダー色が使われているお財布が大きな金運パワーを持ちます。**形は長財布でも折り財布でもいいのですが、ムダ遣いが多い人はラウンドファスナータイプがいいでしょう。キャッシュレス決済が増えたことで、財布はいらないという人も増えているようですが、金運アップのためにはお財布や現金を持ち歩くことが絶対条件。小さくてもいいので、必ず持ち歩くようにしてください。

# 13 「金庫財布」でお金の厄落としをする

２つ目は「金庫財布」です。これは外に持ち歩くのではなく、家に置いて、金庫のように使うお財布です。持ち歩くお財布に加えて家で金庫財布を使うようになると、驚くほど金運が良くなります。金庫財布の最も大きな役割は「お金の厄落とし」。人の手を渡ってきたお札にはたくさんの厄がついていますから、清めるために、まずお札をラベンダー色の封筒などに入れて金庫財布にしまいましょう。そして数日から数週間保管してから持ち歩きお財布に移すのです。

実際、少額をちょこちょこ銀行から下ろしていると無駄遣いしやすいといいますから、一度にある程度まとまった金額を下ろして、金庫財布でお金を清めながら管理することが金運アップにつながります。金庫財布に適した色や形も持ち歩き財布と同じですが、使い古しのものではなく、新品を用意しましょう。

●お財布で金運爆上げ！●

## 14 暮らし方が変わったなら「お守り財布」を使う

３つめのお財布は、今の生活スタイルに合わせて選んでください。例えば「旅行財布」や「ギャンブル財布」「レジャー財布」など、パワーアップしたい状況に応じてお財布を用意するのです。ただ、コロナ時代になり、外出といえば会社だけとか、近所のスーパーばっかり、という人も多いかもしれません。かくいうコパ自身も接待や出張がぐんと減り、大きなバッグに財布を入れて持ち歩くことが少なくなりました。そこで最近、「防御財布」というものを考案して使うように。これはいわば、お守り代わりのお財布です。小さなバッグ代わりにもなるベージュの大ぶりのマルチポーチなのですが、近所ならこれに現金だけでなく、スマホや手帳も入れて持ち歩いています。風水では、お財布を裸のまま持ち歩くことはＮＧアクション。お財布に失礼のないように、たとえ近所へ行くだけでも大切に扱っています。

# 15 カードポケットが8つあるお財布を選ぶ

カードポケットが8つのお財布はおすすめです。八角形や八方位にも通じるように、8は風水がとても好む数字なのです。ただし、旅行用など小さいお財布なら4枚でもOK。4は新しい出会いや縁を築いてくれます。コパはいつも週初めにお財布に現金を入れるのですが、**その際、その週に必要なカードを8枚厳選して入れるようにしています。そしてポケットの下から順に、格が高いカードから入れています。**

ところで、スマホでキャッシュレス決済をする人が増えてきましたが、スマホ決済、クレジットカード、現金の使い分けというのは、今後使う人の金運を大きく左右します。例えば一流レストランで接待やデートをするときにまで、ポイントが貯まるからといってスマホ決済するような人はやはり成功はしません。時と場所に合わせた支払い方法を選び、気持ちよくお金を支払うことで、その分の運を受け取れるのです。

●お財布で金運爆上げ！●

# 16 お財布には現金を多めに入れる

スマホ決済やアプリが普及して現金やカードを持ち歩く必要がなくなり、今や高級ブランドでも折れ財布やミニタイプのデザインが人気。お財布なんていらないと言う人もいるそうです。でもこれ、風水的にはとんでもないこと。お財布がないということは、お金がホームレスになって居場所がない状態を表します。自ずと居場所を探して逃げていくことになるでしょう。スマホがお財布代わりになることは時代の流れですが、大元の「お金」自体は変わりません。代わりを本物に扱うと大元のパワーが損なわれてしまうので、現金、そしてお財布を持つことが大事なのです。10年くらい前、お金持ちが使っている財布といえば長財布でした。サイズは小さくなっても、お金持ちは変わらずお財布を楽しんで持ち歩いていますし、財布の格に見合う額を入れています。コパも必ず、お財布には11万5000円以上の多めの金額を入れています。

# 17 お財布は春か秋に買いに行く

お財布は、いつどこで購入するかということも考えましょう。風水では、春に買うお財布は「張る（春）財布」といい、お金がたくさん入ってきてパンパンに張ることを意味します。また、秋に買うお財布は「実りの秋」と同じで、豊かなお金に恵まれることを表します。「張る財布」と「実り財布」は最高の縁起財布ですから、ぜひ意識してください。具体的には、**春は暦の上の大寒（1月20日ごろ）～桜の咲くころまで。秋は秋のお彼岸（9月20日ごろ）～11月24日の物部神社の鎮魂祭までです。**このほか、節分やひな祭り、七夕や七五三といった日本の季節行事や、誕生日や記念日などの特別な日に買うのもいいでしょう。

また、できるだけ家から見た吉方位のお店を選ぶようにしてください。吉方位の旅行先で買えば、吉方位のパワーを持った最強のラッキーアイテムになります。

●お財布で金運爆上げ！●

# 18 使い始める前に満月の光に当てる

満月の光には、金運を上げてお金を増やすパワーがあります。お財布を新調したら、満月の日にベランダや窓辺などに置いて、満月の光を浴びさせましょう。

実は、お財布は使い始めが肝心です。買ったばかりのお財布は、まだ誰も住んでいない新築の家のようなもの。そこに初めてお金を入れる前に、金運パワーを注入しておくことで、その後、そのお財布にどれくらい大きな金運がつくかが決まるといっても過言ではありません。

**満月の光に当てる時間は2～3分でＯＫ。何も入れず、光がお財布の隅々まで差し込むようように内側も大きく開くようにするのがポイントです。**ちなみにこの方法は、今使っているお財布の金運が落ちてきたと感じたときにも効果を発揮しますから、ぜひ覚えておいてください。

# 19 運のいい日から使い始める

風水を気にしなくても、お財布を使い始める日を気にする人は多いですね。その通り、お財布にお金を入れて使い始める日は、その後の金運を大きく左右しますから、ぜひ吉日を選ぶようにしましょう。既に「17」お話した〝お財布を買いに行く〟のに適した期間と重なり、春か秋が良く、具体的な効果としては、

・大寒～節分までに買って、立春から使い始める　↓全体運や金運がアップ
・立春～伊勢の神宮祈年祭（2月17日）までに買って、祈年祭から使い始める　↓神様のご加護を得られる
・2月18日～ひな祭りまでに買って、3月3日から使い始める　↓　楽しいことに恵まれやすくなる
・3月4日～お彼岸までに買ってお彼岸の中日（春分の日）から使い始める　↓

## タイミングやバランス良くお金を使えるようになる

といわれます。もちろんこれ以外の日本の季節行事や記念日から使い始めるのもいいでしょう。ちなみにコパは、使い始める日にはそのお財布を持って神社へ参拝するようにしています。こうするとよりお財布が清められて、叶えたい夢を応援してもらえるようになるのです。

また、誕生日から使い始めるのもいいでしょう。誕生日は運のターニングポイント。新しい流れが起こりやすい日ですから、運気上昇の波に乗りやすくなります。

そしてお財布の使い始めにいい日として最近よく聞くのが「一粒万倍日」。日本の暦の上での吉日で、「一粒の籾をまけば、万倍の籾を持った稲穂になる」という意味があるので、物事をスタートさせるのにいいとされるのです。月に4〜5回はあるので選びやすく、「直近でお財布を使い始めたい！」という人はこの日にするといいでしょう。さらに、暦の「寅の日」も吉日と言われますよね。寅は千里を行って千里を帰る俊足の持ち主。このことから、お金を使ってもお財布に戻ってくる吉日と言われています。このように、日本の暦を上手に取り入れて選ぶのもおすすめです。

# 20 コパ秘伝の「お種銭袋」をお財布に入れる

「お種銭」って知っていますか？　これは大きな金運の「種」になるお金のこと。コパ風水では、お財布の中に少額のお種銭を入れておくことで、ぬくぬくと温まって芽を出し、花を咲かせ、大きなお金に育つと考えています。ぜひお財布には「お種銭袋」を一緒に入れて、大金運を呼び寄せてください。

お種銭袋の作り方は簡単です。まず100円玉1枚、10円玉1枚、5円玉1枚の合計115円分の硬貨を用意します。風水最強大開運数字の「115」ですね。自分の生まれ年と相性のいい年に製造された硬貨だとベスト。左ページの表を参考にしてください。袋は外側がラベンダー色、内側が黄色の紙や布製のものがいいのですが、なければポチ袋などに黄色とラベンダー色のペンで馬蹄形や正八角形を描いたり、115などの開運数字などを書き入れたものでもいいでしょう。

## 〈生まれ年別 相性のいい干支〉

| | |
|---|---|
| 子年生まれ | 子 辰 申 |
| 丑年生まれ | 丑 巳 酉 |
| 寅年生まれ | 寅 午 戌 |
| 卯年生まれ | 卯 未 亥 |
| 辰年生まれ | 子 辰 申 |
| 巳年生まれ | 丑 巳 酉 |
| 午年生まれ | 寅 午 戌 |
| 未年生まれ | 卯 未 亥 |
| 申年生まれ | 子 辰 申 |
| 酉年生まれ | 丑 巳 酉 |
| 戌年生まれ | 寅 午 戌 |
| 亥年生まれ | 卯 未 亥 |

## 〈生まれ年別 お種銭にするといい硬貨製造年〉

| 生まれ年 | 相性のいい硬貨製造年 |
|---|---|
| 子年 辰年 申年 生まれ | 昭和 23年 27年 31年 35年 39年 43年 47年 51年 55年 59年 63年<br>平成 4年 8年 12年 16年 20年 24年 28年<br>令和 2年 |
| 丑年 巳年 酉年 生まれ | 昭和 24年 28年 32年 36年 40年 44年 48年 52年 56年 60年<br>平成 1年 5年 9年 13年 17年 21年 25年 29年<br>令和 3年 |
| 寅年 午年 戌年 生まれ | 昭和 25年 29年 33年 37年 41年 45年 49年 53年 57年 61年<br>平成 2年 6年 10年 14年 18年 22年 26年 30年<br>令和 4年 |
| 卯年 未年 亥年 生まれ | 昭和 26年 30年 34年 38年 42年 46年 50年 54年 58年 62年<br>平成 3年 7年 11年 15年 19年 23年 27年 31年<br>令和 1年 |

※最初に5円硬貨がつくられたのは昭和23年、10円硬貨は26年、100円硬貨は昭和32年。
現在つくらている硬貨になったのは5円、10円が昭和34年から、100円は昭和42年から

# 21 帰ったらバッグからお財布を出す

せっかくいいお財布でも、外出先から帰ってもバッグに入れたままにしていては、金運をしっかり蓄えることができません。みなさんも帰ったら靴を脱ぎ、手を洗って着替えをするでしょう？　お財布も同様、家に帰ったら外での厄を祓い、リラックスさせてあげなければいけません。

**まずは乾いた布などで軽く拭き、余計なレシートやカードなどを整理しましょう。そして、家や部屋の北か中心付近の棚や引き出しで休ませます。**裸のまま置かず、できるだけ静かで暗い場所を選ぶようにしてください。ただし、これらの場所でも火や水場の近くはNGです。お財布の金運が燃やされたり、流されたりしてしまうのです。さらに黄色やラベンダー色の布などに包んでおくと、お財布と中のお金の厄落としもできます。コパもこれらの色を使った専用のBOXや宝物箱に入れて保管しています。

●お財布で金運爆上げ！●

# 22 古いお財布は捨てずに北や中心で保管する

コパはよく「コパさんの使ったお財布をください！」と言われます。ショップでオークションを開催することもあるのですが、そんなときもコパの使用済み財布はとても人気があります。譲ったお財布は、使うというより開運グッズのように飾っている方が多いようですが、実際に金運がアップしたという声も多くうれしい限りです。

さて、スマホ同様、日々持ち歩くお財布ですから、どんなに高価なブランド品でも、金運パワーを感じるものでも、3年で交換したほうがいいでしょう。そして使い終えた財布は、捨てずに家の北か中心付近の暗くて静かな場所で保管しておくようにしてください。

風水には「陽基」と「陰宅」という考え方があり、「陽基」は生きている間に住む家のこと、「陰宅」は死んでから入るお墓を意味します。陰と陽、両方のバランスをとることで開運できるとされています。この理論に当てはめると、使っているお財布は陽基、使い終えたお財布は陰宅。陽基だけでなく陰宅も大切に扱うことで、今使っているお財布の運がよりアップするのです。

コパもしょっちゅうお財布をとっかえひっかえしていますが、昔から、使わないお財布は家の北にある収納スペースにきれいに並べて保管するようにしてきました。中でも持ち馬が勝利したときに持っていたお財布、銀座のコパビルを購入したときに使ったお財布など、大仕事をしてくれたお財布は手放さず、神様が宿っていると感じて、ときどき取り出しては感謝の気持ちを伝えるようにもしています。

こうしたお財布の扱い方が、人の縁が円を呼んだり、妬みや悪い気からコパを守り、跳ね返してくれたのだと実感しています。周囲にもそう見えるからこそ、コパのお財布をほしがる人は絶えないのでしょうし、コパも自信を持ってお譲りすることができるわけです。

Dr.コパの金運爆上げ！一日一風水

# 第2章
# 毎日の「心がけ」で金運爆上げ！

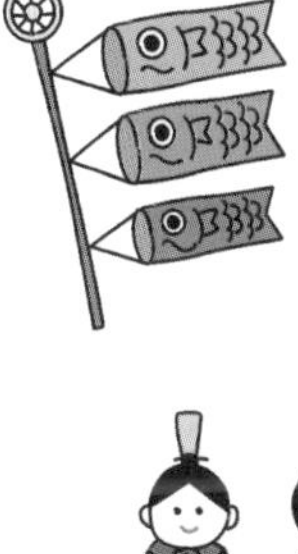

# 1 日本に伝わる年中行事で運を補給する

私たち日本人には、素晴らしい「運の補給所」があります。それが、この国に古くから綿々と伝わる年中行事です。

例えば、節分は決断のための運を補給する日で、2月の初午の日は油揚げやおいなりさんを食べて金運を補給する日。このように、行事にはひとつひとつ意味があり、これらを実行することで運を落とすことなく、ツキを呼び込みながら年を重ねることができるのです。

風水は環境開運学です。季節の年中行事には、暮らしのタイミングを整え、良い環境を味方につけて、幸せになるパワーが詰まっています。現代を生きる私たちが手軽に取り入れることができる方法を月別にご紹介しましょう。

## 1月　睦月

### ●元旦は家に挨拶をして、新しい気を入れる（1月1日）

元旦には神棚や仏壇の前に家族が集まって挨拶しますが、家にも同じように挨拶しましょう。各部屋やキッチン、水場などを回って「今年も1年、どうぞよろしくお願いします」と挨拶することで、家の中に新しい気を入れることができます。

### ●届いた年賀状の中から、今年親しくしたい人をチェックする（1月7日頃）

年賀状は、人間関係を再チェックするもの。届いた年賀状の中から、今年とくに親しく付き合いたい人のものを取り出し、別に保管しておきましょう。電話をかけたりメールを送ったりして、ご縁を強くするのもいいですね。

### ●鏡開きには、白くて丸いおもちを食べる（1月11日）

風水では、白くて丸いものには神仏の加護を呼ぶパワーがあると考えます。この日は白くて丸いおもちやお団子を食べて、神仏を味方につけましょう。

### ●「大寒の水」を飲み、「大寒の卵」を食べる（1月20日頃）

小寒の初めから大寒の終わりまでを「寒の内」といいます。この寒の内でもとくにパワーが強い大寒の日に吉方位で汲んだ水を飲み、鶏が産んだ卵を食べることで大きく開運できます。

## 2月　如月

### ●節分の豆まきでは、「鬼は外」より「福は内」を1回多く言う（2月3日頃）

冬から春に季節が移り変わる分かれ目が「節分」。炒った大豆を神棚にお供えして、それを外に向かって「鬼は外」、家の中に向かって「福は内」とまきます。その際、「鬼は外」より「福は内」を1回多く言うこと。毎年、福が1つずつ増えていきます。

### ●初午には、油揚げやいなりずしを食べる（2月最初の午の日）

2月最初の午の日は「初午」で、お稲荷さんのお祭りの日。お稲荷さんの総本社は京都の伏見稲荷大社。この日はお稲荷さんの眷属のきつねの大好物、油揚げや油揚げを使ったいなりずしを食べることで、体内に金運を取り込むことができます。

### ●建国記念日には、住宅展示場やモデルルームに行く（2月11日）

2月11日は「建国記念日」。家など財産づくりを考えるにはもってこいの日です。神社を参拝して祈願したり吉方位の住宅展示場やマンションのモデルルームなどを訪れ、不動産運を上げましょう。

### ●伊勢神宮祈年祭には、近くの神社で夢を祈願する（2月17日）

毎年2月17日、伊勢神宮では、その年の豊作を祈る祈年祭が執り行われます。これにあやかり、夢に向かって貯金をはじめたり、近くの神社へ行って神様に夢を祈願しましょう。

## 3月　弥生

### ●東南にピンクの花、西に黄色い花を飾って、ひな祭りを祝う（3月3日）

ひな祭りは女の子の節句。人間関係運と恋愛運、そして金運を上げる日です。ひな壇やひな人形を飾らない人も、家の東南にピンクの花、西に黄色い花を飾りましょう。東南にピンクで人間関係運と恋愛運、西に黄色で金運がアップします。

### ●春のお彼岸には、仏壇やお墓の前で現状を報告する（3月18日〜3月24日頃）

春分の日を中心にした前後3日間が春のお彼岸。仏壇がある家ならきれいに仏壇まわりを掃除して、花を供えます。お墓参りに行ったらお墓の周囲の雑草を抜き、お墓をきれいに掃除して、ご供物や生花を。仏壇やお墓の前では自分や家族の現状をご先祖様に報告することで自分の気持ちを整理し、将来の目標を再認識できます。

### ●卒業式や送別会、幸せに去っていく人から何か分けてもらう（3月中）

3月は別れの季節。卒業式や転勤、異動の送別会などのセレモニーも多いですね。

栄転や定年退職、結婚、出産などで職場を去っていくケースもあるでしょう。幸せいっぱいで去っていく人からは、別れぎわに何か分けてもらうと、運もいっしょに分けてもらえますよ。

## 4月　卯月

### ●新しいことを始める日は、新しい物を身につける（4月上旬）

4月は入学式や入社式があり、新生活のスタートを切る人が多くなります。習い事を始めたり、趣味の会に入ったりする人もいるでしょう。新しいことを始める日は、新しい服を着たり、新しい財布やバッグなどを使い始めたりすることで運が開けます。

### ●満開の桜を見て決断し、散り際の桜を見て厄を落とす（4月上〜中旬）

お花見は、日本に古くから伝わる習慣。普段は忙しくて花を見る余裕がない人も、この時季は外に出てお花見をしましょう。季節を肌で感じることでタイミングが良くなり、幸運をキャッチしやすくなります。ピンク色の桜には、人間関係運を良くする効果があります。何かを決断したいときは、満開の桜を見ると後押ししてくれます。また、桜吹雪には厄落としパワーがあります。

### ●「春の土用」には、土をいじらない（4月17日頃〜5月5日頃）

ゴールデンウィークが始まりますが、ちょうど土用の期間と重なります。太陽と大地のパワーバランスが乱れるので要注意。家の建築やリフォーム、庭づくりなどは避けたほうが賢明です。

## 5月　皐月

### ●ゴールデンウィークは、吉方位へ出かける（4月29日〜5月5日頃）

4月29日の「昭和の日」から5月5日の「こどもの日」まで祝日が多く、前後の土日も合わせてのゴールデンウィークに。人は移動することで運が開けるので、ぜひ吉方位旅行に出かけてください。吉方位パワーは「移動距離×日数」に比例するので、できるだけ遠くに長く行くのがいいのですが、忙しい人は日帰り旅行や近場にお出かけでもOK。その場合も「自宅から見て吉方位」がお約束ですよ。

### ●端午の節句には、柏餅を食べて菖蒲湯に入る（5月5日）

5月5日は「子どもの日」ですが、この日は「端午の節句」でもあります。男の子が健やかに育つよう鯉のぼりや吹き流し、武者人形を飾ったりしますね。

そもそも端午の節句は、無病息災を願う厄祓いの日でもありました。昔から、厄を祓うといわれる菖蒲の葉は煎じて飲むと腹痛や虫下しなどに効果があり、根は胃痛や解熱に効果があるとされてきました。柏の葉や小豆を使った柏餅にも厄を祓うパワーがあります。この日は男女関係なく、柏餅を食べて菖蒲湯に入りましょう。健康運を上げて元気になれば、金運にも恵まれます。

## 6月　水無月

### ●衣替えと模様替えは早めにする（6月上旬）

風水では「タイミングが良い人はツキに恵まれる」といいます。いつまでも冬服でいるとタイミングが悪くなり、幸運を上手にキャッチできません。6月に入ったらすぐに夏服に衣替えをしましょう。服は放っておくと増える一方です。流行遅れになった服やサイズが合わない服、3年間着なかった服、着ていて嫌なことがあった服は思いきって処分して、運のいい服だけを残してください。

また、インテリアも夏バージョンに模様替えしましょう。ストーブなどの暖房器具がまだ出しっぱなしならすぐに片付けて、夏らしいさわやかなインテリアに。ブルーやグリーン、白などを多用し、ガラス素材のものや観葉植物で清涼感を演出します。

### ●神社に行き、茅の輪くぐりで厄を祓う（6月30日）

6月30日は1年の前半が終わり、体内に厄が溜まっている頃です。神社へ行き、「夏越しの大祓」を受けましょう。この日神社に行くと大きな茅の輪がありますから、「祓いたまえ、清めたまえ」と唱えながら八の字を描くように3回くぐります。これで半年の間に溜まった厄がすっきりと落ち、心身が軽くなるでしょう。

## 7月　文月

### ●七夕には、短冊に願い事を書いて和食を食べる（7月7日）

七夕は、恋愛成就に限らず夢や希望を祈願する日です。その年のラッキーカラーや願い事に合った色の短冊を用意して、本気で願い事を書きましょう。読みやすい、きれいな字で書くこと。風水では「心から願ったことはすべて叶う」といいます。書いた短冊は家の東南や南に置き、日本酒を飲んで和食を食べるとラッキーです。

### ●お世話になった人に、お中元で運を贈る（7月上旬～15日頃）

日頃の感謝は、言葉にするだけではダメ。きちんと形にすることで、いい関係を保ちましょう。風水では、お中元は相手に「品物」を贈るのではなく「運」を贈ると考えます。相手の運が良くなれば、自分の運もアップするのです。金運を贈りたいなら、ビールや洋菓子、フルーツ、カレーの詰め合わせなどがおすすめです。

### ●土用丑の日には、好きな人とうなぎを食べる（7月20日～8月7日頃の丑の日）

夏の土用の頃は猛暑でスタミナが落ち、夏バテしがち。栄養たっぷりのうなぎを食べるのは理にかなっています。細長いうなぎは恋愛運や人間関係運に効く食材。好きな相手を誘って2人でうなぎを食べましょう。

## 8月　葉月

### ●浴衣を着て花火見物に出かける（8月の土曜日、日曜日）

8月の土曜日、日曜日は全国各地で花火大会が開催されます。世界中に花火はありますが、日本の花火は特に繊細で芸術的。花火大会は恋愛成就に一役買ってくれる開運イベントですから、ぜひカップルで出かけてください。健康運や仕事運、厄落としにも効果的。海辺や川辺の花火なら、相手からの告白も期待できます。花火を見に行くときは、ぜひ浴衣を着て。涼しげに着こなせば、女性の美しさをいっそう引き立ててくれます。

### ●お盆には、お世話になった故人にお線香をあげる（8月13日〜16日頃）

東京では7月13〜16日頃ですが、地方では8月13〜16日頃に行うことが多いお盆の行事。夏休みシーズンでもあるので実家に帰省するという人も多いでしょう。お盆の時期は、お世話になった故人にお線香をあげましょう。仏壇がない家やお墓に行けない人は、故人をしのんでお線香をあげ、手を合わせるだけでもいいですよ。

●夏祭りに参加して人間関係を広める（8月中）

各地で夏祭りが開催されます。本来、お祭りは神様をまつってともに喜ぶもの。参加すると人間関係を広めるチャンスにつながります。盆踊りも同様です。

## 9月　長月

●重陽の節句には、菊の花びらを浮かべたお酒を飲む（9月9日）

最近では忘れられがちな重陽の節句ですが、「9」は陰陽の陽が極まった数字で、これが重なるおめでたい日。菊の花を飾り、その花びらを浮かべたお酒を飲みましょう。お酒が苦手な人は、菊の花を枕の中に入れ、香りを楽しみながら眠るのもおすすめ。どちらも健康運がアップし、黄色い菊を選べば金運も上昇します。

●中秋の名月にお財布をかざす（9月の満月の日）

旧暦の8月15日の月は「中秋の名月」と呼ばれ、ことさら美しいことで知られています。この光には金運アップのパワーがありますから、お財布をかざして金運を注入しましょう。事前に購入しておいた〝秋の実り財布〟がいいのですが、使っているお財布でもOK。中身を全部出してきれいに拭いてから月光にあてます。

●秋分の日には、採れたての稲穂を神棚に飾る（9月23日頃）

秋分の日は、春分の日と同様に昼と夜の長さが同じになる日。秋というと実りのイメージがありますから、この日は貯金の残高など、お金に関することをチェックしてください。そして、新しい採れたての稲穂を神棚に飾るとお金の心配がなくなります。

## 10月　神無月

●温泉に入って、秋の味覚を楽しむ（10月中）

穀物などの実りを迎える10月は、大地から大きなパワーをもらえる月。大地のエキスが湧き出た温泉に入りましょう。温泉に入った後は、新米、新そば、きのこ、栗、柿、いも、根菜類など、旬の食材を食べて大地のパワーを取り込んでください。

●中旬までに、翌年の計画を立てる（〜10月17日）

10月15日から17日まで、伊勢神宮では、その年に採れた新米を神様に捧げて感謝する行事、神嘗祭が行われます。今年の実りに感謝した上で、来年に向けてスタートを切りましょう。翌年の目標や計画を立てて祈願書を作ってください。

●祈願書を持参して神社で祈願する（10月20日頃）

祈願書は、10月20日頃までに神社に持参して神様に祈願します。私が神主を務める三宅宮でも毎年、10月20日前後の日曜日に祈願祭を行っています。ホームページなどで確認してからお越しください。

## 11月　霜月

### ●七五三には家族で写真を撮り、北西に飾る（11月15日）

子どもの成長を祝って、三歳の女の子、五歳の男の子、七歳の女の子（地方によって違いがあります）が神社に詣でる七五三。もともとは公家や武家の行事でしたが、今のような形になったのは江戸時代からだとか。子どもの成長を神前で報告したら、本殿や鳥居の前で家族写真を撮り、家の北西に飾ります。家庭円満になりますよ。

### ●24日までに、もう一度神様に祈願する（～11月24日）

勤労感謝の日は、1年間、一生懸命働いて収穫を得たことに感謝する日。その翌年の24日には鎮魂のパワーがあり、心と体の健康や、強運勝運をもたらす日。神様に願いが届きやすい日なので、10月に祈願した際に忘れていたことやさらに加えたい願いなどをもう一度、神社にお願いに行きましょう。

### ●11月は家のお正月。早めに大掃除をする（11月20日～30日頃）

風水の神様はせっかち。11月にはすでに翌年の運気が流れていますから、家の大掃除は11月のうちに始めると早く幸運がやってきます。家全体は無理でも、翌年のラッキー方位など、どこか1ヵ所だけでも徹底的にきれいにしておきましょう。

## 12月　師走

**●1年の感謝の気持ちを込めてお歳暮を贈る（12月初旬〜12月20日頃）**

目上の人やお世話になっている人に贈るお歳暮は、12月初旬から20日頃までに贈るのが一般的。お中元と同じように、品物選びが開運の決め手になりますから、心を込めて選びましょう。お歳暮をいただいた場合は、礼状は早めに出しましょう。

**●冬至にはユズ湯に入り、カボチャを食べる（12月22日頃）**

冬至は、1年でもっとも昼が短く、夜が長くなる日。ユズを浮かべたユズ湯に入って、カボチャを食べましょう。ユズは風邪予防に効果があるり、風水的には金運アップにも。カボチャは、カロチンやミネラルが豊富で、お金を稼ぐというパワーもあります。

**●大みそかには年越しそばを食べて良縁を招く（12月31日）**

風水では、細長いそばは良縁を招く食べ物と考えます。「そばのように細く長く幸せが続くように」との縁起もあります。翌年の幸せを祈りながら、年越しそばを食べましょう。

●毎日の「心がけ」で金運爆上げ！●

# 2 運が良くなることにお金を使う

お金は幸せになるための道具です。買い物などの出費をするときは必ず、「このお金は運が良くなることに役立つだろうか」と考える習慣をつけましょう。

**その年のラッキーカラーのものやラッキーフードを買ったり、吉方位旅行などのラッキーアクションに使ったりするのは、開運への投資といえます。**また、家を吉相にするためのインテリア、健康になるためのスポーツジムへの費用、人脈を広げるための交際費なども、運が良くなることに役立つでしょう。

そうやってお金を払って何かをした場合は、お金が仕事をしてくれたと風水では考えます。お金を払うときは、心の中で必ず「ありがとう」と言って、出ていくお金に感謝しましょう。

# 3 「お金がない」とは決して口にしない

「お金がない」と言っていると、本当にお金がなくなってしまいます。口ぐせになっている人は気をつけて直してください。ネガティブな言葉は厄となって運を下げ、お金がないという状態を自ら引き寄せてしまうのです。

**たとえ本当にお金がなかったとしても、「今、貯めているところ」「お金ができたら○○したい」など、前向きな言葉を選んで使うよう心がけてください。**

また、他人にグチをこぼすのもやめましょう。不満を溜めて撒き散らすのは、マイナスの運気を溜めて周囲に広めるのと同じ。回り回ってまた、自分に返ってきます。

お金は、いつも楽しいことを考え、笑顔で過ごす人が大好き。「この人と仲良くしたいな」と寄ってきてくれるようになりますよ。

●毎日の「心がけ」で 金運爆上げ！●

## 4 お金を貯める目的を忘れないようにする

お金を貯めたいなら、まず何のために貯めるのかをはっきりさせましょう。お金を貯めることが目的になってはいけません。貯まったお金で何をしたいのか、夢はより具体的にくわしく思い描くほうが叶いやすくなります。

「来年の5月までに、○○駅徒歩10分以内のところにマイホームを建てる」「10年後の10月、退職した夫とイタリア、フランスに3週間の旅行をする」など、貯金の目的を明確にして、いつもイメージする習慣をつけましょう。

夢や目的に合わせた方位に、貯金箱を置くのもおすすめ。不動産購入資金なら東北、旅行資金なら東南、起業や独立資金なら北西、学費なら南、車の購入資金なら東に置いて、実際に小銭などを入れていくと、通帳にも貯まりやすくなります。このように貯めたお金は目的以外のことに使わないことも大切です。

# 5 人が集まる華やかな場には積極的に参加する

風水では、人が大勢集まる華やかな場所には幸運がたくさんあると考えます。とくに、結婚式のようなお祝いごとの場は、ツキのない人の運に揺さぶりをかけて金運を吸収する大きなチャンス！

結婚式以外でも、誰かのお祝いパーティなど、義理があって出席しなくてはいけない場合でも、いやいや参加するのではなく、金運を吸収できる絶好の機会だと思っておしゃれをして積極的に参加しましょう。

また、ご祝儀などのお金を出す際もケチケチせず、気持ちよく出すことが大事です。そのお金はやがて、何らかの形で自分にご褒美として返ってくるはず。開運のための出費だと考えましょう。

●毎日の「心がけ」で 金運爆上げ！●

# 6 ツイてないと思うときほど太陽を浴びて厄を落とす

太陽には、私たちについた厄を落としてくれる力があります。「最近、何だかツイてないな」「思わぬ出費が増えて金欠だ」というようなときほど、積極的に太陽を浴びて厄を落とすことで運を好転させましょう。

東から上る朝日には、東のパワーがあります。つまり、早起きして朝日を浴びれば、元気が出たり、意欲が湧いてきたりします。

昼間の太陽には南のパワーがあるので、直感や才能が開花したり、人気運やギャンブル運が上がったりするでしょう。

そして、夕日には西のパワーがあり、金運アップには欠かせません。お金のことで悩んだときは、きれいな夕日を見に行きましょう。

# 7 ご先祖様、神様のご加護に感謝する

持って生まれた運が弱くても、環境と努力次第で大きく変わります。実は、環境の良し悪しを大きく左右するのは、ご先祖様や神仏のご加護なのです。

**ご先祖様や神仏からご加護をいただくには、日々その存在に感謝して、世の中の役に立つ人間になれるよう努力することです。小さくてもいいので神棚や仏壇を設け、毎日手を合わせましょう。**外出して神社仏閣が目に入れば、なるべく参拝してください。お盆やお彼岸にはお墓参りも忘れてはいけません。こうしていつも感謝する人を、ご先祖様や神仏は必ず守って応援してくれます。そして、家族や友人、社会の役に立つにはどうすればいいのかを考え、できることは何でも実行しましょう。さらに、誰に対しても親切にすることを心がけていれば、必ず運のいい人になれます。

Dr.コパの一日一風水 金運爆上げ！

第3章

# お出かけ&持ち物で金運爆上げ！

# 1 お出かけするときは吉方位を意識する

風水は環境学。周りの環境を変えるのに一番手っ取り早い方法は、移動することです。今いる場所から別の場所へと移動することで、開運できると考えるのが風水なのです。

ただし、その際にもっとも大切なことは、吉方位へ行くこと。**吉方位に出かけて、そこに宿る幸運を体内に吸収することです。これは、お出かけ風水の基本中の基本。**出かける場所がどこであっても変わりません。吉方位は、生まれ年によっても、年や月によっても変わります（巻末の表を参照）。カップルやグループ、家族で出かける場合は、それぞれの吉方位が合わない場合もあるでしょう。そんなときは、一家の主人やグループのリーダーなど、主導権を持つ人の吉方位を優先させてください。

●お出かけで金運爆上げ！●

# 2 吉方位旅行をするなら なるべく遠くへ日数長く

吉方位パワーを吸収するには、吉方位に旅行するのが一番。とくに、大開運吉方位月（'23年の大開運吉方位月は６月です）には、吉方位旅行に出かけましょう。

**吉方位パワーは、「距離×宿泊日数」に比例して大きくなります。つまり、近場への旅行でも、日数を長くするか回数を増やすかすればパワーが増すのです。**さらに、近くても温泉に入ると、吉方位パワーを効率よく吸収できます。

また、距離的に遠い場所に旅するなら、日数が少なくてもパワーがあります。

一般に、どれくらいの日数を旅行すると効果があるのかというと、だいたい４泊ぐらいから目に見えて効いてきます。旅行先では自然に親しみ、神社仏閣があればお参りし、土地で採れた食材を食べ、早寝早起きを心がけましょう。

# 3 元気がないときは海や山、森、川などに出かける

風水では、海や山、森、高原、湖、川などアウトドアで過ごすと、自然のパワーを体内に吸収できて、心身共に元気になると考えます。最近、元気がなくてやる気が起きない人や、ストレスや悩み事などがあってクヨクヨしている人は、休みの日などは家に引きこもらず、なるべく外に出て自然に触れてください。太陽からも幸運が降り注いでいますから、晴れた日にはどんどん外出しましょう。

**さらに、山や高原では財運が、海や川では人間関係運が、湖では金運や財運がそれぞれアップします。**登山やキャンプ、バーベキュー、釣り、川遊びなどを楽しんで。素足になって土や芝生を踏んだり、水に触れたりするといいですよ。木や花など植物に触れるのもおすすめです。自然を満喫すればするほど、パワーを吸収できます。

●お出かけで金運爆上げ！●

# 4 粗塩10グラムを「持ち塩」にする

出かけた先で事故にあったり、物をなくしたり、お金を落としたりするなど、不運や不幸に見舞われないよう外出の際には必ず「持ち塩」を持参してください。

**天然の粗塩を10グラムほど、密閉できる小さなビニール袋などに入れて、服のポケットやバッグに。これを持ち歩くだけで、さまざまな厄から守ってくれます。**

また、不足するパワーを補ってもくれます。あちこち歩き回って疲れたときは、その塩をちょっとなめるだけで元気になれるでしょう。苦手な人と会うときや気の重い交渉などをするときも、事前に少しなめておくと余裕を持って対応できます。宿泊するホテルの部屋が何だかイヤな気がするときは、部屋の四隅に持ち塩をパラパラと撒いておけば厄落としになります。

# 5 実家の方位に合わせておみやげを持っていく

お出かけ風水は吉方位に移動することが大切なのですが、自分の実家だけはどの方位にあったとしても問題なし。方位の影響は気にせずに出かけてください。

その年のラッキーカラーの服を着て、「持ち塩」を持つのもお忘れなく。実家では、仏壇に手を合わせ、お墓参りに出かけましょう。金運を上げたいなら、仏壇やお墓に黄色い花を供えます。

おみやげは、自宅から見て実家が北にあるならお茶や有名な洋菓子を。東北なら漬物やピクルスセット、東ならワインやクッキー、東南なら高級和菓子、南なら地酒や干物、南西なら牛肉のみそ漬けやハム、西ならフルーツ、北西なら乾麺や流行のお菓子がおすすめ。その年のラッキーフードは、実家がどの方位でもいいですよ。

●お出かけで金運爆上げ！●

# 6 運のいい場所で写真を撮りスマホの待ち受けにする

吉方位に出かけて撮った写真には、吉方位パワーが注入されています。

東北に行ったら大きなお寺の階段、東では映画館の前、東南なら大きな木のそば、南に行ったら南国の雰囲気のある場所、南西はゴルフ場の芝生の上や樹木が多い公園、西ならレストランの前、北西は神社仏閣、北は温泉旅館の前や水辺などがラッキースポット。ぜひ、そこで写真を撮って、スマホの待ち受けにしたり、自分のパソコンに送ったりしましょう。

写真に注入した吉方位のパワーをずっと持続させることができます。

ちなみに、写真を撮るときは明るい笑顔で。「巨万の富！」「大金持ち！」と言って撮るのがお約束ですよ。

# 7 財布や時計、食器など自分自身におみやげを買う

吉方位に出かけて買ったものは、ずっとラッキーパワーを宿し続けます。なので、自分自身にもおみやげを買えば、お守り代わりになって幸運をもたらしてくれます。

**お財布や腕時計、貴金属、パジャマ、下着など、身につけるものがおすすめですが、陶器や磁器などの食器類やお箸、インテリアグッズなどでもいいでしょう。**もちろん、立ち寄ったお寺や神社のお守りや縁起グッズは最強の開運アイテムです。

吉方位の土地の人が育てた苗木や鉢花などを買って帰って、自宅の庭に植えたりすると、その土地の運気を吸収することができますよ。

自分へのおみやげも、その年のラッキーカラーや方位と相性のいい色のものを意識して選べば、目にするたびに大きなパワーが感じられます。

●お出かけで金運爆上げ！●

# 8 凶方位へ出かける場合は下着を現地調達し、捨ててくる

お出かけ風水で運気を上げる基本は「吉方位へ」と言いましたが、仕事やつき合いなどで、どうしても凶方位へ行かなければならないこともあるでしょう。凶方位は、**その年によって誰にとっても同じ凶方位（'23年は北西と東南、西）と、生まれ年によって月ごとに変わる凶方位（巻末の表を参照）があります。**

やむをえず凶方位に出かける場合は、長期に滞在しないように、なるべく短いスケジュールを組みましょう。それでも何日か滞在しなければならないときは、下着を家から持っていくのではなく、新しいものを現地で調達すること。そして、その買った下着は使用後、旅先で捨ててきてください。

もちろん、凶方位に出かける際は持ち塩も忘れないようにしてくださいね。

# 9 ドライブに出かけるときは白いタオルでハンドルを拭く

車で出かけるとき、何よりも心がけたいのは安全運転です。しかし、いくら自分が交通ルールを守って安全に走行していても、あおり運転などの危険な行為やもらい事故などのトラブルに巻き込まれてしまうこともあります。

**交通事故やトラブルを防ぐには、スタート前に真っ白なタオルでハンドルをよく拭いてください。**これをドライブに出かける際の習慣にします。さらに、ダッシュボードの中に、粗塩を10グラムほど密閉できるビニール袋などに入れて置いておきましょう。トランクの中もきれいに掃除して、やはり粗塩10グラムを入れておきます。

車のフロントに向かって右側のドアポケットに黄色い小物を入れておけば、金運アップにつながります。

●お出かけで金運爆上げ！●

# 10 「ツキがない」と思うなら早起きして近所を歩き回る

いくら頑張っても、いっこうにツキに恵まれないというのは、厄が身体についているからだと風水では考えます。

そんなときは、早起きして散歩に出かけましょう。水の入ったペットボトルを持ち、近所をひたすら歩き回ります。**吉方位に向かって歩くのがいいのですが、厄落としが目的の場合はとにかくひたすら歩き続ければＯＫ。**目標は10時間ですが、難しければ可能な時間でかまいません。

汗をかくことで身体に溜まった厄も汗といっしょに流せるし、日頃の運動不足解消にも一役買うでしょう。黙々と歩くうちに自分の心と向き合うことができ、考えも自然に整理できます。

# 11 今年のラッキーカラーのものを買いに行く

金運アップはもちろん、開運のための大原則は、その年のラッキーカラーを衣食住などの環境に取り入れることです。服や下着、アクセサリー、バッグ、靴、お財布、定期入れなど毎日持ち歩くものはもちろん、インテリアグッズやキッチングッズ、バスグッズなど毎日目に触れるもの、口に入れる食べ物やそのパッケージなどにもできるだけラッキーカラーを意識して取り入れましょう。

**その年のラッキーカラーは毎年、前年の10月に発表しています。'23年のラッキーカラーはオレンジ、グリーン、白、ゴールドです。**今日は、吉方位のお店にラッキーカラーのものを何か1つでいいので買いに行きましょう。年が変わっても、その年に買ったラッキーカラーのものはずっと開運を後押ししてくれますよ。

●持ち物で金運爆上げ！●

# 12 荷物が少ないときでも必ずバッグを持つ

「ちょっと近所のコンビニまで……」というようなとき、スマホで支払いできるからとバッグを持たずに出かけていませんか？　持ち歩く荷物が少ないときでも、お財布やスマホだけあれば用が足りるときでも、必ずバッグを持つようにしましょう。

**なぜなら、バッグは幸運の入れ物。バッグを持たずに出かけるということは、出先で幸運と出合っても入れ物がなくて持ち帰れないということです。**

幸運が喜んで飛び込んでくれるように、バッグはよくお手入れをしておくこと。革製ならいつもピカピカに磨いておきましょう。幸運をたくさん入れるには、大きめのバッグがおすすめ。近所に買い物に行くくらいなら、エコバッグでもいいでしょう。

その年のラッキーカラーを選ぶと幸運が入りやすくなります。

# 13 香水やコロンを持ち歩き気分転換にシュッとひと吹きする

風水では、香りは人間関係運や恋愛運を高めるのに一役買うと考えます。家に花を飾ったり、ルームコロンを置いたり、入浴剤を使ったりするのも効果的ですが、身にまとう香水やコロンも上手に活用しましょう。

**外出や人と会う前につけるのはもちろん、オーデコロンなどの小さなボトルを持ち歩いてシュッとひと吹きすれば、気分転換ができます。**

他人のグチを聞いてしまった後や自分でもついグチってしまった後はコロンの力を借りて、心身にまとわりつくグチ色のベールを吹き飛ばしてください。

ちなみに、金運アップに効果的なのはレモンやオレンジなどの柑橘系の香り。フローラル系は恋愛に、グリーン系は健康運にとくに効果を発揮します。

●持ち物で金運爆上げ！●

## 14 キラキラ光るアクセサリーが大きな金運を引き寄せる

キラキラと光るものには金運が宿っています。宝石や貴金属なら風水パワーはさらに強力です。リング、ネックレス、ピアスやイヤリング、ブレスレットなどのアクセサリーに取り入れ、毎日、身につけましょう。

金運を上げるには、黄色やオレンジ色、ラベンダー色の石が効きます。イエローダイヤモンドやシトリン、ガーネット、オパール、ブルーサファイアイヤ、アメジストなどがおすすめです。

プラチナ、ゴールド、シルバーのどれにもパワーがありますが、迷ったらゴールドを選びましょう。風水のラッキーモチーフ、馬蹄型や八角形などがデザインに使われているものも大きな金運を引き寄せます。

# 15 文字盤が八角形か丸い腕時計を身につける

腕時計は、いつもあなたといっしょにいて、楽しい時間を刻んでくれる相棒です。金運を上げたいなら、文字盤が八角形か丸い時計を身につけましょう。八角形は8方位を表し、森羅万象すべての運を司るパワーがあるし、円形は金運とともに人間関係も良くする形です。

四角い時計も仕事運アップに効果的なのですが、人間関係が不安定になりやすいので、身につけるときはコロンをシュッとひと吹きしましょう。

文字盤や金属製のベルトの色は、ゴールドを。ゴールドとシルバーのコンビのものも陰陽バランスが整っているのでいいでしょう。革ベルトの場合は、その年のラッキーカラーを選ぶのがおすすめです。

●持ち物で金運爆上げ！●

## 16 ツキがないなら伊達メガネやサングラスでイメージチェンジ

良くないことが続いたり、ツキがないと感じたりするときは、イメージチェンジが効果的です。ヘアスタイルを変える、いつものイメージとは違う服を買う、なども効果的ですが、もっと手軽にできるのがメガネをかけること。サングラスでもいいし、目が悪くなくても伊達メガネをかけてみましょう。それだけで雰囲気といっしょにツキも変わるし、２枚のレンズが対になっているメガネやサングラスは才能や人気、ビューティ運を高めてくれます。

メガネはフレームがゴールドで、レンズが丸いデザインがおすすめ。サングラスもレンズが丸く、ゴールドのロゴや金具がついているものがいいですね。老眼鏡も同じように選んでみてください。

# 17 金運が大好きな3色 黄色・白・ゴールドの物を持つ

服やアクセサリー、バッグや財布やハンカチなどは、1日中身につけたり持ち歩いたりするものですから、ラッキーカラーのものなら運気を存分に吸収できます。

**金運が大好きな色は、黄色と白とゴールドの3色。**黄色は言わずと知れた金運アップの色ですが、改革のパワーもあるので、今の自分の意識や環境を変えるのにも役立ちます。白は人間関係を良くして、財産をつくるのに効果を発揮します。

また、ゴールドには、金運アップと同時に才能を発揮させたりタイミングを整えたりするパワーがあります。

外出予定がある日の朝は、黄色い服を着て、白いバッグを持って、ゴールドの財布を持つなど、これらの3色を身につけたり持ち物に取り入れたりしましょう。

●持ち物で金運爆上げ！●

## 18 環境や自分自身を変えたいならチェック柄のネクタイを

ネクタイは、仕事運を大きく左右するアイテムです。その年のラッキーカラーや運気別に相性のいいカラーを意識して取り入れることで開運できます。

思いきって環境や自分自身を変えたいときは、チェック柄のネクタイを締めると効果を発揮します。タイミングを逃さず、チャンスをつかみたいなら水玉柄、人脈を広げて、人間関係を華やかにしたいなら花柄のネクタイを。また、仕事のプレゼンやコンペなどで必ず勝利をつかみたいときや、ここ一番の勝負の日には、ゴールドのネクタイを選ぶと応援されます。

ネクタイは吉方位旅行に行った先で購入するのもおすすめ。男性が自分で買うのはもちろん、女性が夫や恋人にプレゼントするのもいいですね。

# 19 お気に入りの絵を方位に合わせて飾る

好きな絵を部屋に飾っている人は多いと思いますが、絵1枚でもどこに飾るかによってパワーが全然違ってくるのをご存知ですか？　同じ飾るなら、その絵と相性のいい方位に飾って運気を上げるのに一役買ってもらいましょう。

赤い花や果実、朝日などの絵は東に。仕事運が上がり、健康運もアップします。明るい海や緑の森が広がった風景画は南に飾ると、直感力が増して才能も発揮できます。同じ海でも、月夜の海の絵などは北に。精神的な落ち着きが得られます。

ひまわりなどの黄色い花や夕日が描かれた絵は西に飾って、金運をアップしましょう。さわやかな風景画や色とりどりの花が描かれた絵などは、どの方位に飾ってもOKです。絵だけではなく、写真やポスターでも同様のことがいえます。撮った場所、描かれた場所が分かるなら、家の中心からみてその方位に飾るのも○。

●持ち物で金運爆上げ！●

## 20 家に置いてあるビニール傘を処分する

風水では、細くて長いものには、縁をもたらすパワーが宿っていると考えます。とくに長傘は、長い縁を結ぶアイテム。長く続く良好な人間関係からは、いい情報や金運がもたらされることも多いので、できるだけ折りたたみ傘より長傘を使うようにしましょう。

ただし、いくら長傘でもビニール傘はいけません。持っている人の格を下げるし、玄関先に置いておくとマイナスの気を発してしまいます。いくつも置きっぱなしにしているビニール傘は、すぐに全部処分しましょう。

金運を上げる傘は、柄や骨組がしっかりしていて、その年のラッキーカラーや黄色、ゴールド、またはそれらの色が使われた花柄など。高級感のあるものがおすすめです。

# 21 1日1個不要な物を捨てる

毎日、普通に暮らしていても持ち物は増えるばかり。物が増えれば増えるほど、家の中は乱雑になりがちで整理整頓が難しくなります。

風水では「幸運は空いたスペースに入ってくる」といいますから、物であふれかえっていると、幸運が家の中に入ってきにくくなってしまいます。不要な物はどんどん捨てましょう。

時間の余裕もないし、どこから手をつけたらいいか分からないという人には、1日1個ずつ捨てる方法がおすすめ。引き出し1つでも、開けるといらない物がいくつか見つかるはずです。一度に処分しようとせずに、「1日1個」を心がけましょう。コツコツと続けていけば、身の回りの品は大切な物だけになりますよ。

# 第4章 宝くじ大当たり 金運爆上げ！

# ジャンボ宝くじを狙うなら当たりにくい月を避けよう

宝くじといえば、やはり賞金額が大きいのはジャンボ宝くじ。現在は、2〜3月頃に発売、抽せんされる「バレンタインジャンボ宝くじ」、4〜5月頃に発売、抽せんされる「ドリームジャンボ宝くじ」、7〜8月頃に発売、抽せんされる「サマージャンボ宝くじ」、10〜11月頃に発売、抽せんされる「ハロウィンジャンボ宝くじ」、11〜12月に発売され、12月31日に抽せんされる「年末ジャンボ宝くじ」の5種類があります。**当せん金額や本数は回号によって違いますが、1等当せん金は、前後賞合わせて10億円というものもありましたから、億万長者の夢がふくらむというものですよね。**

これは、ジャンボ宝くじに限ったことではないのですが、風水では、家の中の水場がある方位によって、宝くじが当たりにくい月というのがあります。

たとえば、家の中の北にトイレや浴室などの水場が集中している家は、12月が当たりにくい月。年末ジャンボ宝くじは買わないほうが無難でしょう。資金も運も溜めておいて、ほかのジャンボ宝くじ購入に当てたほうが大当たりする確率は高くなります。

水場の方位別、宝くじが当たりにくい月は、左の表を参照してください。

もし、当たりにくい月に宝くじを購入してしまったら、ここで紹介する大当たり風水はもちろん、掃除や盛り塩を徹底してくださいね。

### 〈水場の方位別宝くじが当たりにくい月〉

| 方位 | 当たりにくい月 | 発売されるジャンボ宝くじ |
|---|---|---|
| 北 | 12月 | 年末ジャンボ宝くじ |
| 東北 | 1～2月 | バレンタインジャンボ宝くじ |
| 東 | 3月 | バレンタインジャンボ宝くじ |
| 東南 | 4～5月 | ドリームジャンボ宝くじ |
| 南 | 6月 | |
| 南西 | 7～8月 | サマージャンボ宝くじ |
| 西 | 9月 | |
| 北西 | 10～11月 | ハロウィンジャンボ宝くじ<br>年末ジャンボ宝くじ |

※発売される宝くじの情報は、2022年7月現在のものです。

## 1日目 今日から毎晩 玄関のたたきを水拭きする

家の中の水場の方位を参考に、狙うべき宝くじが決まれば、購入前から10日ほどかけて「宝くじ大当たり作戦」を実行しましょう。宝くじの購入におすすめのラッキーデイをコパのSNSやブログなどでチェックして、購入予定日から逆算してから始めてください。ここで紹介する「一日一風水」を実行するうちに、体内に大当たりに必要な運気がどんどん溜まっていきますよ。

まず、1日目は玄関を吉相にすることからスタートです。

すべての運は玄関から入ってきます。宝くじ当せんに必要な運も例外ではありません。玄関には家族の人数分以上の靴を出しっ放しにしていませんか？　傘立てやゴルフバッグを置いたり、靴箱の上にホコリをかぶった造花が飾ってあったりしませんか？　クリスマスでもないのに、ドアにリースをかけっぱなしにしていませんか？

これらが1つでも当てはまるなら、せっかく入りかけた幸運も回り右をして出ていってしまいます。

**玄関は、いつも整理整頓を心がけて吉相に。たたきには家族の人数分以上の靴は出しておかないこと。たたきには靴以外、何も置かずにすっきりと。ペットのトイレなどを置くのは厳禁ですよ。**ドアにかけたリースなどは外します。

そして、今夜から寝る前に必ず、たたきを雑巾で水拭きしてください。化学雑巾などは避け、水で濡らして絞った布雑巾を使うこと。玄関のたたきには、その日家族や訪問者が持ち込んだ厄が落ちています。これをきれいに拭き取ることを習慣にすれば、家の中に厄が侵入するのを防ぐことができ、運気がアップしますよ。

以前、この「玄関のたたきを毎日水拭きする」という風水を続けただけで、懸賞に当たり続けるようになったという読者の方がいらっしゃいましたよ。効果絶大ですから、さっそく始めてください。

## 2日目 南に1対＋赤＋ゴールドで直感力と当せん率を高める

宝くじを当てるために必要なのは、直感やひらめきです。いつ買うか、どの売り場で買うか、どのタイミングで買うか、いくら投資するか、など、あらかじめ決まっている正解はありません。買う人の直感やひらめき次第で、幸運の女神が微笑むかどうかが決まるのです。

風水では、直感やひらめきを司るのは南のパワーと考えます。家の南に、1対の背の高いものを置くことで南のパワーがアップします。さらに、宝くじ当せんに必要な勝負強さやタイミングに恵まれるには、これに赤とゴールドもプラスしましょう。

おすすめは、1対の観葉植物を置き、それに赤やゴールドのリボンや玉などを結ぶ方法です。いくつも結んでクリスマスツリーのようにしてもいいのですが、赤の分量が多すぎると親しい人とケンカをしやすくなるので注意してください。

南に窓があり、太陽の光がさんさんと入るなら、直感やひらめきのパワーは申し分ありません。その窓の両脇に背の高い観葉植物やスタンドなどを1対で置くといいでしょう。カーテンに赤やゴールドのリボンを結ぶのもいいですね。

南がキッチンやトイレ、浴室などの水回りになっていたり、玄関、階段、吹き抜けなどがあったりする場合は、南のパワーが弱くなってしまいます。その場合でも、1対の背の高いもの、赤、ゴールドは効果を発揮します。水場などで置くスペースがなければ、いつもきれいに掃除をして、盛り塩もしましょう。

後ほど紹介しますが、南のパワーは住まいだけではなく、ファッションや食事などでも取り入れられます。いつでも「南のパワーをアップする」ことを心がけて生活してくださいね。

南のスペースごとのアドバイスも紹介しておきましょう。

## ■南がトイレの場合

トイレグッズには南と相性のいいグリーンやオレンジを使い、タオルなどにゴールドや赤がワンポイント入ったものを。小さくていいので観葉植物を2鉢置くといい。

■南がキッチンの場合

窓があればグリーンやオレンジのブラインドで遮光する。キッチングッズもグリーン、オレンジで、赤をワンポイントで使う。金属製のものはいつもピカピカに。

■南が浴室・洗面所の場合

小さくてもいいので同じ観葉植物を2鉢置くといい。タオルやマット、バスグッズはグリーンやオレンジ系で、赤やゴールドをポイント使いする。

■南が玄関の場合

1対の観葉植物を置く。玄関ドアの外でもOK。グリーンやオレンジの玄関マットやグッズを置き、赤やゴールドの開運玉などもプラスするといい。

■南が寝室の場合

ベッドカバーやカーテンなどのファブリックはグリーンやオレンジを基調に赤やゴールドが入ったものを。1対の観葉植物やスタンドを置くとよい。

■南がリビング・ダイニングの場合

1対の観葉植物やスタンドを置く。インテリアカラーは、日光が入るならグリーン、入らないならオレンジを多用し、赤やゴールドをポイント使いする。

●宝くじ大当たり 金運爆上げ！●

3日目

# 北西にゴールドで大勝負に勝つ運を手に入れる

「億」という大金を狙う大勝負に勝つ、勝負運も持っていなければ、大当たりは夢のまた夢。勝負運を高めるには、北西のパワーが必要です。北西は勝負運を左右し、一攫千金の夢を叶えてくれます。

北西のパワーをアップするには、北西のラッキーカラーであるオレンジ、グリーン、ゴールド、ベージュ、とくにゴールドをインテリアに多用することが効果的です。地球儀や白い玉、観葉植物なども北西のラッキーアイテムです。

■北西がトイレの場合

トイレグッズはグリーンやベージュでまとめて、タオルなどにゴールドがワンポイント入ったものを。観葉植物を置いて、明るくゴージャスな雰囲気に。

■北西がキッチンの場合
キッチングッズや食器などはできるだけリッチな雰囲気に。おまけについてきたような安ものの食器は処分する。ゴールドが使われているグッズや食器はラッキー。
■北西が浴室・洗面所の場合
タオルなどのグッズはグリーンやベージュ系でまとめる。シャンプー類などはボトルにゴールドが使われているものを。観葉植物を置くと良い。
■北西が玄関の場合
高級感があってすっきりしたインテリアに。ゴールドがワンポイントで使われている玄関マットを敷き、白やゴールドの開運玉、観葉植物などを置く。
■北西が寝室の場合
ベッドカバーやカーテンなどのファブリックはグリーンやベージュのストライプ柄。金メッキのスタンドや時計、観葉植物、地球儀などを置く。
■北西がリビング・ダイニングの場合
観葉植物や金メッキのスタンド、置き物などを置いてリッチな雰囲気に。インテリアカラーは、ベージュでまとめると品よくまとまる。

●宝くじ大当たり 金運爆上げ！●

# 4日目「西に黄色」に少量の赤をプラスする

直感やタイミングの南、勝負運の北西、そしてやはり金運の西もパワーアップしなければ宝くじ当せんは実現しません。「宝くじは何度も買っているけれど、ほとんど当たったことがない」という人は、初心に返って家の西側をチェックしてください。

金運アップには「西に黄色」の風水がよく知られていますが、眠っている金運を揺さぶるために少量の赤も加えてみてください。金運が大いに活気づくはずです。

ただし、赤の分量は多すぎてはダメ。ポイントでピリッと効かせるのがコツですよ。

## ■西がトイレの場合

西日が入るならしっかり遮光すること。トイレグッズは西と相性のいい黄色や白を基調にまとめ、タオルなどは赤がワンポイント入ったものを。

## ■西がキッチンの場合

窓があれば黄色や白のブラインドで遮光する。キッチングッズや食器も黄色や白を多用し、赤をワンポイントで使う。酒類は出しっぱなしにしないこと。

■西が浴室・洗面所の場合

タオルやマット、バスグッズは黄色や白。これらの色に赤がワンポイントで入ったものを。鏡やカランはピカピカにして、換気扇をまめに回そう。

■西が玄関の場合

黄色や白の玄関マットやグッズを置き、赤をワンポイントで使うとよい。入って左側に鏡をつけると金運やくじ運、懸賞運がアップする。

■西が寝室の場合

ベッドカバーやカーテンなどのファブリックは黄色や白に。カーテンに赤いリボンを1~2個結ぶなど、少量の赤をどこかに使う。

■西がリビング・ダイニングの場合

西日は白や黄色のカーテンやブラインドで遮光すること。テーブルには黄色いフルーツに少量の赤いフルーツをプラスして陶器の器に盛る

●宝くじ大当たり 金運爆上げ！●

## 5日目 家中の鏡と窓をピカピカに磨く

大当たり作戦2日目のところで、宝くじを当てるには南のパワーアップが必要だと話しました。風水では、光を通したり、発したりするものには、南の運気が宿っていると考えます。

家の中を見回してみましょう。鏡や窓、照明器具、テレビやパソコンの画面、水道蛇口、ステンレスの浴槽などがそれに該当します。**南の運気を上げるには、これらの光るものをピカピカに磨き上げましょう。**

今日はキッチンの窓、明日は玄関の鏡、というように毎日少しずつでもＯＫ。磨けば磨くほど直感が冴え渡り、タイミングも合って当せんしやすくなります。電球やスタンドなどのホコリも落として、きれいにしてくださいね。

# 6日目 宝くじ購入用に厄がついていないお金を準備する

ここまで5日間かけて、まずは住まいでの大当たり作戦を実行したところで、あなた自身の当せん運気はかなり高まってきています。このへんで、宝くじを購入するためのお金を準備しておきましょう。

**宝くじを購入する時は、良い運だけを買うために、厄がついていないきれいなお金を準備することが大切です。**銀行から下ろしたてのピン札で買うのがいいのですが、そうでない場合は厄落としをしておきましょう。お金は、いろんな人の手から手へと渡っていますから、どうしても厄がついているのです。

宝くじ購入用のお金は、ラベンダー色の紙や布で包むなどして、家の中心か北に3日以上しまっておけば厄を落とすことができます。

## 7日目 睡眠中に厄を落として宝くじ運を補給する

風水では「睡眠中に厄を落として、金運を吸収する」といいます。睡眠中は、汗や老廃物といっしょに体内に溜まった厄も身体の外に出しているのです。そして、厄のない身体に金運をはじめさまざまな運が入ってくるわけです。

**毎晩、運のいい環境に整った寝室でぐっすり眠ることは、厄落としや開運のために必要不可欠なのです。**きちんと洗いたてのパジャマに着替えて寝ましょう。Tシャツやジャージのまま寝るのはNGですよ。

枕元はすっきりと片付け、盛り塩と干支の置き物、貴金属を置いておくと、寝ている間に厄を祓って良い運気だけを運んできてくれます。ベッドの下に溜まったホコリは幸運の吸収を妨げます。きれいに掃除をするのも忘れずに！

# 8日目 魚介と赤い食べ物で大当たり体質になる

宝くじ当せんに欠かせない直感やひらめき、勝負運は、住まいの風水だけではなく毎日の食事でも体内に取り込みましょう。勝負に必要な直感力やひらめき力を上げるのは、エビやカニなどの魚介類です。

**また、赤い色の食べ物が勝負強くしてくれるので、ケチャップやトマトソースを使った料理などもおすすめです。**大根やゴボウ、レンコンなどの根菜類も勝負運を上げます。金運全体を上げたいなら「鶏肉・卵・黄色いもの」でしたね。

くじ運やギャンブル運を上げるにはパンもいいのですが、高額狙いの大勝負に出るなら、主食はご飯を食べてください。宝くじを買いに行く日はご飯で勝負！

今日から当せん発表の日まで意識して、これらのものをたくさん食べましょう。

●宝くじ大当たり 金運爆上げ！●

# 9日目 最強の勝負ファッションで身を包み、ツキを呼ぶ

日頃から、金運やくじ運が好んで寄ってくるような服装を心がけることも大事です。とくに、宝くじを当てるには勝負運アップも必要。金運アップの色である黄色、くじ運や勝負運を上げる赤を毎日、どこかに身につけましょう。服だけでなく、靴やバッグ、下着、ハンカチ、男性ならネクタイなどでもいいですよ。

また、大きな金運やタイミングを引き寄せるゴールドも効きます。アクセサリーはキラキラと輝くゴールド系を選びましょう。

黄色・赤・ゴールドの3色に加えて、その年のラッキーカラーも幸運を引き寄せてくれます。ちなみに、'23年はオレンジ・グリーン・白・ゴールドがラッキーカラー。ファッションに上手に取り入れてくださいね。

# 10日目 宝くじを購入する最高の売り場を決める

さあ、宝くじの購入はいよいよ翌日です。どの売り場で購入するのか決めていますか？　売り場選びはとても重要です。同じ買うなら、当たりやすい条件を満たした売り場で購入してください。

**まず、自分の本命星の吉方位にある売り場を選ぶことが大事です。間違っても凶方位にある売り場では買わないこと。**行く前に方位をチェックしましょう。

次に、駅の近くや繁華街の中など人通りの多い売り場を選ぶこと。人通りの多い場所には龍脈が走っていて幸運をゲットしやすいのです。

最後に、売り場の窓口は家の玄関と同じ役割を果たします。大きな幸運が入るよう窓口は広くて、明るい雰囲気の売り場を選びましょう。

●宝くじ大当たり 金運爆上げ！●

## 11日目 ラッキーナンバーを意識して宝くじを買う

いよいよ宝くじを購入する日です。大当たりの運気は「光るもの」に近寄ってきますから、貴金属や光沢のある革製のバッグ、ピカピカに磨いた靴などを身につけて。9日目で紹介したように、ファッションには黄色と赤を取り入れます。

あらかじめ厄を落としておいたお金をお財布に入れ、エビやカニ、赤い食べ物を食べてから出かけましょう。目指すは、運のいい宝くじ売り場です。

宝くじの組番号や数字を選ぶナンバーズやロト6など、運のいい数字を選ぶのもおすすめです。**自分や家族の誕生日などもラッキーナンバー。その年のラッキーナンバーというものもあり、'23年は4と9です。**ここでは、風水でラッキーナンバーと考える数字を紹介しておきますので、購入の際に役立ててください。

〈07〉……金運にとてもいいナンバー。友人や恋人などからいい情報が得られる。
〈08〉……運気絶好調で何をやってもうまくいく風水開運数字。
〈13〉……親や親戚といっしょに宝くじを買うとき、こだわってほしいナンバー。
〈16〉……大きな目標を持つ人をサポートしてくれる数字。男性が使うと良い。
〈22〉……パワーの差が極端に出るが、超高額賞金を当てるパワーもある数字。
〈37〉……コツコツと当てたい人にパワーを発揮するナンバー。
〈40〉……バランス感覚に優れた数字。欲深くない人にツキをもたらす。
〈55〉……ツキのあるナンバー。商売などで大きな利益が上がり成功する。
〈65〉……人間関係と金運にとても良い数字。仲間といっしょに買うときなどに。
〈71〉……財運に恵まれやすいナンバー。パンよりご飯を食べて買おう。
〈82〉……準備次第で、すべて順調に発展していくナンバー。
〈85〉……ぐんぐん才能を発揮させるパワーがある数字。エビやカニ料理を食べて。
〈88〉……8がペアになっているので最強のパワーを持つ数字。
〈115〉……金運やツキをもたらす最強の風水開運数字。天下を取る数字。

●宝くじ大当たり 金運爆上げ！●

## 12日目 買った宝くじを持って神社で当せんを祈願する

これは宝くじを購入した日でもいいのですが、ここでは翌日のアクションとして紹介します。買った宝くじは神社に持参して、神様に当せんをお願いしましょう。

神様にご挨拶とお願いをするのですから、きちんとした服装を心がけること。Tシャツに短パンとか、サンダル履きとかはいけませんよ。せめて襟付きのシャツやブラウスにスカートかパンツ、革靴を履いて出かけましょう。

鳥居の前で一礼したら、参道の真ん中は神様の通り道ですから端を歩いて神殿へ。手水舎で手と口を清めてから、お賽銭箱の前で鈴を鳴らしてお賽銭を投げ入れ、二拝二拍手一拝で大当たりを祈願します。最初に住所と氏名を言ってから、今までのご加護のお礼と願い事を伝えましょう。

# 13日目 買った宝くじは北か中心の暗い場所で保管する

買った宝くじは、当せん発表の日まで金運をつけて休ませておきましょう。

宝くじを袋から出し、金運アップの黄色の紙か布で包み、家の北か中心近くの暗くて涼しい場所にしまいます。近くには盛り塩をしてください。

一度しまったら当せん発表までは中を見ず、できるだけ動かさないこと。宝くじがゆっくり落ち着いて、運をぬくぬくと育てることができる環境を整えてください。

ただし、北や中心に近くても、玄関やキッチン、水場などにしまうのはＮＧです。玄関や水場以外でも、物がゴチャゴチャ入っている引き出しやホコリだらけの棚などでは、効果が期待できません。きれいにそうじをして、整理整頓してからしまってくださいね。

●宝くじ大当たり 金運爆上げ！●

## 14日目 印鑑はキャップをはずし出しっぱなしの刃物は片づける

さて、宝くじを購入して、それを適切な場所にしまったら、当せん発表の日までは、ここまでに紹介した作戦をできる限り、続けてください。家の南、北西、西をとくにきれいに掃除をして、玄関のたたきを毎晩、水拭きします。ファッションや食事でも当せんに必要な運気を呼び込みましょう。

その上で、金運や勝負運を落としてしまう要素を知って、極力避けることも大切です。たとえば、キャップ付きの印鑑は、頭を押さえられる姿を連想させるため、風水では運気を落とすと考えます。キャップははずしておきましょう。

包丁やハサミなどの刃物を出しっぱなしにしているのも金運を落とします。必ず、包丁ホルダーや引き出しにしまっておいてください。

当選
発表日

# はずれた宝くじは捨てずにとっておく

宝くじのはずれ券は、無用のものとして捨ててしまっていませんか?

実は、はずれ券にも運が宿っています。そのまま、厄落としカラーのラベンダーと金運アップの黄色が使われた布や紙で包んで、北や中心の暗い場所にしまっておきましょう。

なぜ捨てずに保管するのかといえば、たとえば今まで100枚の宝くじを買って、すべてはずれた場合でも、風水ではそこにはまだ100枚分の宝くじの運があると考えるからです。さらに30枚の宝くじを新しく買った場合、風水では130枚分の宝くじの運気があると考えます。つまり、買うほどに、どんどん当せん確率が上がると考えるのです。はずれ券は捨てずに、次の宝くじに備えてくださいね

# 第5章

# 場所別で金運爆上げ!

# 1 赤くて丸いものを置いて幸運の龍を呼び込む

玄関は家の顔ともいうべき場所。玄関が家の運を決めるといっても過言ではありません。なぜなら、人と同様に幸運も玄関から家の中に入ってくるからです。もちろん、金運も玄関から入ってきます。

玄関からやってくる幸運を、風水では「龍」と考えます。玄関から入ってきた龍は家の中心へと進み、玄関の対角側へと移動します。この龍の通り道を「龍脈」といい、その家のラッキーゾーンになります。

**幸運を呼び込むため、玄関には龍が好きな赤くて丸いもの（赤い開運玉など）を置きましょう。**さらに、家の中心、対角側にも置くことで、幸運の龍を家の奥まで呼び込むことができますよ。

●場所別（玄関）で金運爆上げ！●

# 2 玄関を入って左側に金運アップの鏡をかける

玄関の壁に鏡をかけたり、置いたりしている家は多いですが、鏡は実用的であると同時に幸運を呼び込む玄関のラッキーアイテムです。

**金運を上げたいなら、玄関を入って左側に鏡を設置しましょう。**壁にかけても、靴箱の上などに置いてもＯＫ。風水的には、枠がゴールドで八角形の鏡がベストです。

ちなみに、玄関を入って右側の鏡は、地位や名誉を上げる鏡とされています。気をつけてほしいのは、玄関を入った正面には置かないこと。せっかく入ってきた幸運を跳ね返してしまうので逆効果になります。さらに、大きすぎる鏡もよくありません。せいぜい姿見くらいの大きさにすること。曇っていると効果半減なので、毎朝、きれいに磨いてくださいね。

# 3 たたきに出していいのは家族の人数分の靴だけ

玄関は、幸運が入ってくる場所であると同時に、厄落としの空間でもあります。住人や客人が外から持ち込んだ厄を玄関でしっかりと落とすことができれば、家の中に厄が入り込むことはありません。

厄は低いところ、つまり玄関ならたたきに一番溜まっています。「たたきを毎晩、水拭きする」方法はほかのところで紹介しましたが、たたきが汚れていたり、靴が散乱したりしている家は、厄が充満してしまいます。靴は靴箱に収納し、たたきには何も置かないのが原則。傘立てや三輪車、ペットのトイレなどもＮＧです。靴をいちいちしまうのが面倒なら、１００歩譲って、家族の人数分の靴（1人1足）だけは出しておいてもいいでしょう。ただし、きちんと揃えて置いてください。

●場所別（玄関）で 金運爆上げ！●

# 4 玄関マットやスリッパを洗って清潔にする

たたきと玄関ホールの段差が10センチ以下の玄関は、汚れやホコリといっしょに厄や不運も入り込みやすいので、必ず玄関マットを敷きましょう。厄がついた足で上がって家中に厄を落とさないように、スリッパも必要です。

**玄関マットやスリッパは、玄関の方位やその年のラッキーカラーのもの、黄色、女性のすべての夢を叶えるといわれるさんかんの実が描かれたものなどがいいのですが、**大切なのは清潔さをキープすること。何年も敷きっぱなしの玄関マットや長い間洗っていないスリッパを使っていませんか？　もしそうなら、すぐに洗濯したり、洗えない素材なら掃除機をかけたりして、きれいにしましょう。思いきって、新調するのもおすすめです。

## 5 その年の最強ラッキーアイテム　干支の置き物を飾る

私は毎年10月に、翌年の干支をモチーフにデザインした「開運干支の置き物」を発表しています。その年のラッキーカラーなども盛り込んだ**干支の置物は、その年のラッキー方位に飾るのがお約束なのですが、玄関にも飾ることをおすすめしています。**

毎年の最強ラッキーアイテムである干支の置物は、家の顔としての格を上げ、ワンランク上の幸運や金運をもたらしてくれます。干支の顔を家の中心に向けるようにして置きましょう。

また、飾ったからといってそのまま放置していてはいけません。週に一度は、置物を持ち上げて、その下もきれいに拭き、置物のホコリなどもはらってその都度、新たに置き直すこと。これで開運パワーを発揮し続けます。

●場所別（キッチン）で金運爆上げ！●

## 6 キッチンの床を掃除してマットを敷く

キッチンはズバリ、金運を司る場所。そして、その家の主婦の運も左右します。また、コロナが流行してからはとくに、キッチンで作る料理が家族全員の健康を守ることから健康運にも大きな影響を与えるようになりました。いつもきれいにして、色やグッズなどで風水を実践するだけで、金運にも健康運にも嬉しい影響が出るはずです。

金運が一番嫌うのは、床の汚れ。油でベタつくような床は最悪です。コンロやシンクの汚れも気になりますが、どんなに時間がない日でも床だけはきれいにすることを心がけましょう。

床の汚れを防止する意味でも、マットは敷くこと。汚れが目立つ色にして、汚れたらすぐに洗濯を。週に1度は太陽に当ててください。

# 7 冷蔵庫のドアに貼っているものを全部はずす

冷蔵庫のドアにマグネットで買い物メモや料理のレシピなどを貼っていませんか？もしそうなら、今すぐ全部はずしてください。冷蔵庫のドアには、何も貼らないこと。

**玄関ドアと同じように、すべてのドアや扉は運の入り口。ここに何かが貼ってあると良い気が入ってこられないのです。**冷蔵庫の側面に貼るのは問題ありません。

冷蔵庫の中も食材を詰め込みすぎず、整理整頓して使いましょう。食材に良い気が入らないと、それを食べる家族の運気も下がってしまいます。

また、冷蔵庫の上に直接、電子レンジを置くのもNG。冷蔵庫の水の気と電子レンジの火の気が反発しあって乱れ、金運や家族仲にも悪影響が出ます。置き場所を移動できないなら、冷蔵庫との間に12ミリ以上の厚さの木の板を挟んでください。

●場所別（キッチン）で 金運爆上げ！●

# 8 料理をするときは必ずエプロンをつける

キッチンは火や水を使う空間ですから、そこに立って料理などをしていると火や水の凶作用を受けてしまいます。必ずエプロンをつけて、身を守りましょう。キッチン方位やその年のラッキーカラーのエプロンでもいいですし、金運アップカラーの黄色ややる気が出る赤いエプロンでも。金運を上げるフルーツ柄や女性のすべての願いを叶えるといわれるさんかんの実の柄などもおすすめです。

キッチンの凶作用から身を守りたいのは、料理中だけではありません。ダイニングテーブルの位置がシンクやガスコンロから近く、そこで子どもが長時間勉強などしていると火や水の凶作用を受けてしまいます。テーブルはシンクやコンロから1・8メートル以上離して置いてください。

## 9 包丁やカトラリーは出しっぱなしにしない

包丁などの刃物を水切りかごや調理台の上などに出しっぱなしにしておくと、金銭的な悩みが生じたり、ケガが多くなったりしてしまいます。

また、二世帯住宅の場合は、嫁姑の仲が悪くなり、もめ事が起きたりしがちなので、注意しましょう。使ったらきれいに洗ってよく拭き、すぐにしまう習慣を。見えるところにしまうと、刃物が持つ「金」の気が消耗してしまうので、扉の内側など見えない場所にしまいましょう。

フォーク、ナイフ、スプーンなど金属のカトラリーも、出しっぱなしにしないこと。来客が減ったり、金運を落とすきっかけになったりします。洗った後は洗いかごにそのままにせず、決まった場所にしまってください。

●場所別（トイレ）で金運爆上げ！●

# 10 トイレには盛り塩を。窓がなければラベンダー色もマスト

トイレは、どの方位にあっても凶作用が働きます。なぜかというと、まず汚物を流す空間であるから。さらに、それを流すために水の気が強く働くからです。その方位の気がパワーダウンし、厄が溜まりやすく、健康運や金運も流されてしまいます。

**こうした凶作用を防ぐには、掃除と換気を徹底するのはもちろんですが、忘れずに盛り塩をしてください。**粗塩10グラム程度を小皿などに盛り、1週間に1回は交換します。古い塩はそのままトイレに流すか、ゴミといっしょに処分します。

また、窓がないトイレの場合は空気がよどみやすく、凶作用が強まります。換気扇は回しっぱなしに。そして、方位を限らず、厄落とし効果が高いラベンダー色のグッズを使いましょう。ラベンダーの香りの芳香剤などでも、もちろんＯＫです。

# 11 本や雑誌、新聞などを持ち込まない

そもそもトイレは用を足し、厄を落とす場所であって、長居をする場所ではありません。よくトイレに本や雑誌、新聞などを持ち込んだり、棚に置いておいたりする人がいますが、これは今すぐやめましょう。**本や雑誌などを読んで長時間過ごすと、せっかく落としたはずの厄がまた身体についてしまいます。**さらに、トイレに置きっぱなしになった本や雑誌は、厄をたっぷり吸収しているので、それを読んでもいい情報は得られません。

同じ理由で、トイレに人形やぬいぐるみを置くのもダメです。人形やぬいぐるみも厄を吸収しているので、もし子どもが手に取ったりするとマイナスの運気が働いてしまいます。

●場所別（トイレ）で 金運爆上げ！●

# 12 タオルやスリッパは必ずトイレ専用のものを使う

トイレは厄が溜まりやすい空間ですから、その厄をほかの場所に広めないことが大事です。タオルやスリッパは必ず、トイレ専用のものを使ってください。とくに、トイレで履いたスリッパをほかの場所で使うと、不運をばらまいてしまうことを意味しますので注意が必要です。

**トイレは家中でもっともパワーダウンしやすい場所。トイレの中だけで厄を落としきれるように、タオルは毎日交換してください。**使い古したタオルや粗品でもらったような安っぽいタオルは使わず、フカフカで高級感のあるものを使いましょう。

また、トイレマットも必要です。2階以上のトイレなら階下にトイレのダメージがいき、トイレの真下をパワーダウン。白いマットにしてダメージが下に行くのを防いでください。

# 13 むき出しの掃除用品は観葉植物で隠す

トイレはいつも清潔にしておく必要がありますから、毎日そうじをしましょう。ただし、ブラシや洗剤、雑巾などの掃除じ用品は、トイレの中にむき出しの状態で置かないこと。トイレ内に余計なものがあると、気が滞りやすくなり、子どもの健康に悪影響が出ることもあるので気をつけましょう。

戸棚や物入れの中にしまうのがいいのですが、掃除用のブラシなどをどうしてもしまう場所がないのなら、**目立たないよう隅に置き、観葉植物で隠すようにしましょう。観葉植物には、厄を吸収して、乱れた気を安定させる作用があります。**

また、予備のトイレットペーパーも、トイレ内に置くと厄を吸収してしまいます。もし置く場合は、トイレ内の収納に入れて、必ず扉を閉めてください。

●場所別（浴室・洗面所）で金運爆上げ！●

# 14 お風呂の残り湯はすぐに抜き洗濯に使ったりしない

浴室は家の中でもっとも大量の水を溜める場所。湿気も高いので水の気が強く、さらにお湯を沸かすため火の気も働きます。つまり、水や火が凶作用をもたらして運気をダウンさせてしまうのです。**浴室は夫婦や男女の愛情を司る空間なので、ここにダメージが多いと、セックスレスや浮気問題が生じやすくなります。**また、浴室は厄落としの空間でもあるので、ここで上手に厄を落とせるかどうかも大切になります。

ダメージを防ぐには、身体から出た厄が溶け込んでいる残り湯はすぐに抜くこと。お湯を沸かし直して入ったり、洗濯に使ったりすると、その厄がまた身体や衣類につくことになってしまいます。防災などの観点から残り湯を溜めておきたい場合は、入浴後すぐに粗塩をパラパラと振り入れておきましょう。

# 15 1人1枚、毎日洗いたてのバスタオルを使う

お風呂から上がってすぐに全身を拭くバスタオル。汚れているタオルやくたびれているタオルを使うと、入浴してせっかく厄を落とした身体にまた不運がついてしまいます。また、1枚のタオルを家族で使うと、トラブルが起きやすくなります。

**バスタオルは1人1枚、毎日洗いたてのタオルを使うようにしてください。吸水性がよく、フカフカで上質なもので、浴室の方位と相性のいい色やその年のラッキーカラーのタオルがおすすめです。**洗濯して乾かすときは、十分に太陽の光に当てるようにするとタオルの運気がアップします。体を洗うボディタオルも家族共用は避けましょう。

浴室の厄を家の中に広めないように、バスマットも必要です。3日に1回くらいは交換して、こちらもバスタオル同様、洗濯後はよく日に当てて乾かしてください。

●場所別（浴室・洗面所）で 金運爆上げ！●

## 16 フルーツの香りの入浴剤を入れる

金運を上げたいなら、フルーツの香りの入浴剤を入れて入浴しましょう。とくに、ユズやレモン、オレンジなど柑橘系の香りがおすすめ。入浴中に肌から金運を吸収できます。天然成分入りならさらにいいでしょう。

**厄落とし効果を高めたいなら、ラベンダーの香りの入浴剤や天然塩入りバスソルトなどもおすすめです。**自分の本命星の吉方位の温泉の成分が入った入浴剤を入れると、吉方位パワーを吸収できます。

香りのいい石けんやボディシャンプー、シャンプーなども、汚れといっしょに厄を落としてくれるアイテムです。よみがえりのパワーも与えてくれます。金運アップには、これらの香りもフルーツ、中でも柑橘系で揃えると効果的です。

# 17 洗面所でメイクをしているならすぐやめる

洗面所に化粧品を置いて、スキンケアやメイクをしていませんか？「大きな鏡があって便利だから、毎朝しています」などという人はすぐやめてください。

**洗面所は本来厄落としの空間です。ここで化粧水やクリームをつけてスキンケアに精を出したり、時間をかけてメイクをしたりすると、運を落としてしまいます。**洗顔して汚れといっしょに落とした厄が、またついてしまうのです。「金運がない」といつも嘆いている理由は、意外にもこんなところにあるのかもしれませんよ。

スキンケアやメイクは洗面所ではなく、ドレッサーの前で。ドレッサーがなければ、リビングや寝室などに置いた鏡の前でもかまいません。ちなみに、化粧品の近くにピンク、グリーン、ゴールドのものを置くと、いつまでも若々しくいられますよ。

●場所別（寝室）で金運爆上げ！●

# 18 40代以下なら東側、50代以上なら西側で寝る

私たちは日々、寝ている間に不運＝厄を吐き出し、幸運を吸収しています。金運があるかないかは、寝室の良し悪しで決まるといっても過言ではありません。寝室の環境が風水的に整っていなければ、金運はもちろん、すべての運に悪影響が出ます。

寝室は火や水を使う空間ではないので、どの方位にあっても凶ということはありません。ただ、寝室を使う人の年齢によって、適している方位が変わってきます。

**20〜40代の人は、エネルギッシュな運気がある東側の部屋で寝るのがおすすめ。東枕で寝るとパワーが充実します。**未婚の女性ならぜひ、東南で寝ましょう。

一方、50代以上の人は、落ち着きや安定の運気をもたらす西側の部屋を寝室に。いつも眠りが浅い人は、枕の向きは西枕がおすすめです。

# 19 枕カバーとパジャマは毎日洗って、新しいものと交換する

睡眠中に体内から吐き出される厄で、枕カバーとパジャマはとくに汚れています。必ず、毎日洗って、新しいものと交換してください。

タオルを枕カバー代わりに使うのはＮＧ。仕事での協力が得られず、いざというときにチャンスを逃してしまいます。**方位を問わずおすすめなのは、白い枕カバーです。**

**また、小さい枕で寝ていると、目上の人との人間関係に悩むことになりがち。**ちょっと大きめの枕を使いましょう。

パジャマは、自分の「分身」ともいえる大切なアイテムです。厄を落として運を良くするので必ず着ること。Ｔシャツに短パンで寝ていては運を落としますよ。方位やその年のラッキーカラー、金運の黄色や厄落としのラベンダー色などがおすすめです。

●場所別（寝室）で 金運爆上げ！●

# 20 1週間に1回はベッドの下に掃除機をかける

ベッドの下には、綿ボコリをはじめ、いろんなホコリが溜まっています。ホコリといっしょに床に落ちている厄も祓い清めるため、1週間に1回はベッドの下を掃除しましょう。ベッドのような大きな家具は、少し動かすだけでも運気が動きます。運気が停滞気味だと感じるときなどは、ベッドをちょっと移動させて掃除機をかければ運の流れを変えることができます。

また、寝室が2階以上にあり、ベッドの真下にキッチンやトイレなどの水回りがある場合は、睡眠中に火や水の凶作用を長時間受けてしまいます。これを避けるにはベッドを移動するのが一番なのですが、それが難しいならベッドの下に白い紙を敷いておきましょう。ダメージを防ぐことができます。

# 21 ツキがないと感じるならスタンドを置いてみる

寝室にはいくつ照明器具がありますか？　「天井に1つしかない」という人は、人生が単調になってしまいます。

今の生活に不満を感じていたり、自分にはツキがないと思っていたりするなら、スタンドを置くことで新鮮なパワーを取り込むことができます。

**寝室の南に背の高いスタンドを1対置くと、直感が働きやすくなり、人気や才能が開花するようになるでしょう。**西に黄色いシェードのスタンドを置くと、金運が上がってお金に困らなくなります。東に赤いシェードのスタンドを置くと、仕事運や健康運がアップするし、北にワインレッドやオレンジのシェードのスタンドを置くとコツコツと努力してきたことが実ります。

●場所別（リビング）で金運爆上げ！●

# 22 親は西側、子どもは東側に座って団欒する

リビングは家庭運を左右する場所。また、家族それぞれの才能を発見して開花させる場所でもあります。家族が集って食事をしたり、くつろいだりして長い時間を過ごす空間だからこそ、吉相に整えることで家庭が円満になり、家族の秘められた才能が高収入に結びつくこともありそうです。

キッチンや水回りと違って火や水を使わないのでリビングやダイニングに凶方位はありません。ソファに座ってテレビを見たり会話をしたりするときや、ダイニングテーブルを囲んで食事をしたりするときは、親は西〜北側、子どもは東〜南側に座ることを意識してください。自然に会話が弾み、楽しく団欒できます。方位が２〜３つにまたがる場合は、ソファやテーブルの方位を優先します。

# 23 テレビやオーディオの近くには観葉植物を置く

テレビやオーディオの置き場所で基本的にいいのは、リビングの中心から見て東から南にかけて。これは陽の気が強い方位なのでいい情報が得られるのです。さらに東は「音」と相性がいい方位という意味でもおすすめです。

**東などに置くのが難しい場合や、置けたとしても電化製品にはホコリがつきやすいのでそれをカバーする意味でも、近くに観葉植物を置きましょう。**

観葉植物は置くだけで空間の運気が上昇します。テレビやオーディオの近く以外にも、インテリアのアクセントとしてや、欠けがある場所や日当たりの悪い窓辺などに置くのもおすすめです。ただし、枯れたものをいつまでも置くのは逆効果。金運にもダメージが出ます。適度な水やりを忘れず、大事に育ててくださいね。

●場所別（子ども部屋）で金運爆上げ！●

# 24 男の子なら東と東北、女の子なら東南と南西に盛り塩を

風水は子どもによく効くといわれます。子どもは部屋の持つ運気やインテリアアイテムとの相性にとても敏感なのです。

子ども部屋の風水は、子どもに望むことや男の子か女の子かによってポイントが違ってきます。まず、いじめなどのトラブルから守って、元気に明るく育ってほしいなら、**男の子なら部屋の東と東北（表鬼門）、女の子なら東南と南西（裏鬼門）を徹底的にきれいにして盛り塩をします。**そして、窓を開けて風をよく通してください。

これで男の子は元気で活発に、女の子は明るくやさしくなり、いじめられる原因を排除してくれます。さらに勉強机を東向きに配置し、南枕で寝るようにしましょう。早起きも開運アクション。枕もとには赤い目覚まし時計をセットします。

# 25 学校の成績を上げたいなら勉強机を北向きに置く

勉強のできる子になってほしいなら、なんといっても勉強机の位置がポイントになります。落ち着きがなくて、長時間机に向かっているのが苦手な子は、机を北向きに置いて勉強するようにしましょう。

そうやって勉強ぐせがついたところで、理系科目の成績を伸ばしたいなら机を南向きにして東枕で寝るとよく、文系科目や語学を伸ばしたいなら机を東向きにして南枕で寝るようにします。知識は北に溜まりますから、本棚は北に置くのがベストです。

**机の上にはゴチャゴチャと物を置かないこと。座った正面に本や参考書などを並べておくのもよくありません。**子どもがもらった賞状やトロフィーなどがあれば、西や北西に飾りましょう。

●場所別（収納）で 金運爆上げ！●

# 26 西の収納スペースに黄色いものをしまう

「西に黄色」の金運アップ風水はインテリアに限らず、見えない部分の収納スペースにも応用できます。

**家の西側に寝室のクローゼットや和室の押し入れなどがあればとてもラッキー。片っ端から黄色いものを収納しましょう。**淡い黄色よりも濃い黄色のほうが効果大。

「そんなに黄色いものがないわ」という人は、押し入れの布団やクローゼットの服全体に大きな黄色い布をふわっとかけておくだけでいいのです。

家の西側が水場などになっていて収納スペースがない家は、寝室やリビングの西側にチェストや引き出しケースを置くなどして新たにつくってしまいましょう。引き出しの1つに黄色い紙をたくさん入れておくとか、工夫してみてくださいね。

# 27 デスクの右の引き出しにアドレス帳、左の引き出しに目上の人に関するものを

夫を出世させたいと願うなら（自分自身の出世でももちろんＯＫです）、職場や自宅のデスク回りの収納に目を向けましょう。仕事運に大きく影響するのです。仕事の成績アップを狙いたいなら、余計なものは捨てて、デスク回りをすっきりさせます。

**風水では、デスクにも東西南北があると考えます。座っている位置を南として、右手が東、左手が西、正面が北になります。**これにしたがって、右側には電話や時計など音が出るものを置きます。右側の引き出しにはスケジュール表やアドレス帳、名刺などを入れましょう。正面はすっきりさせて、取引先情報などを左寄りに。左側には黄色いペンやグッズなどを置いて金運アップ。左の引き出しには目上の人に関するものをしまっておくといい信頼関係を築くことができます。

Dr.コパの
金運爆上げ！
# 一日一風水

巻末特集
コパ風水のキホンで
金運爆上げ！

# 家の中心と8方位の出し方

風水効果を期待するにあたって、もっとも重要になるのが方位。家の各方位に配するラッキーカラーも、間違った方位に使ってしまっては、期待するような効果を発揮できなくなってしまいますから、家の方位は正確に出すことが肝心です。

コパ風水では、東西南北、東北、東南、南西、北西の8方位に中心を加えた9方位で方位を考えます。一番間違えやすいのが、北と中心。北は磁石の示す「磁北《じほく》」をいうのですが、建築図面では地図上の「真北」を示していることが多いのです。真北を北とすると、微妙にズレが生じてしまいますので注意してください。ちなみに、旅行などで吉方位を見る場合も、磁北で考えます。

中心は家の中心から半径90センチの円内の範囲をいいます。家の形に凹凸がある場合は、図面を厚紙などに貼りつけて、バランスがとれる点を探しましょう（左の③参照）。家の中心が出たら、実際にその場に立って範囲を確認してください。

## 中心と8方位の出し方

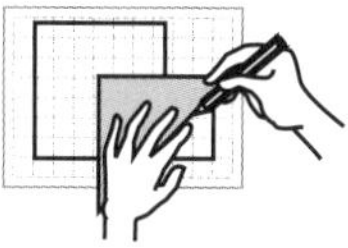

### 1 家の間取り図を正確に書く

方眼紙に定規を使って間取りを正確に描く。建築図面があればそのコピーでもOK。

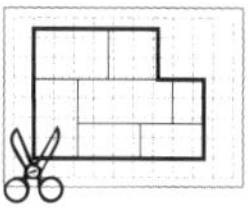

### 2 図面の外枠に沿って切る

1を厚紙に貼り、外壁面を線に沿って切り取る。ベランダやポーチなどは切り落とす。

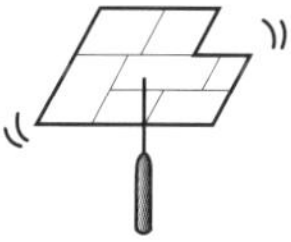

### 3 家の中心を出す

切り取った平面図を先の尖ったものの上に乗せ、釣り合ったところが中心。図に印をつけておく。
※正方形や長方形なら対角線の交点が中心となる。

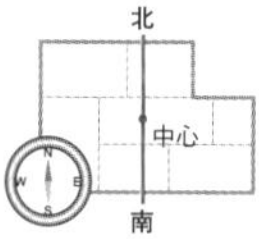


### 4 方位磁石で確認、南北の線を引く

方位磁石で北（磁北）の方位を調べ、北-中心-南を線で結ぶ南北の線を間取り図に引く。

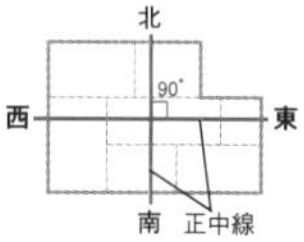


### 5 東西の線を引く

4で求めた南北の線と直角に交わるように東西の線を引く。この南北、東西の線を正中(せいちゅう)線という。

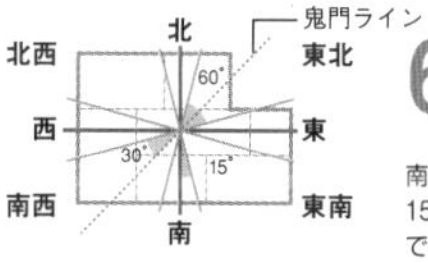


### 6 方位を振り分ける

南北、東西に引いた正中線の両側に15度ずつ振り分けた線を引く。これで8方位の範囲が定められる。

## 中心と8方位の範囲

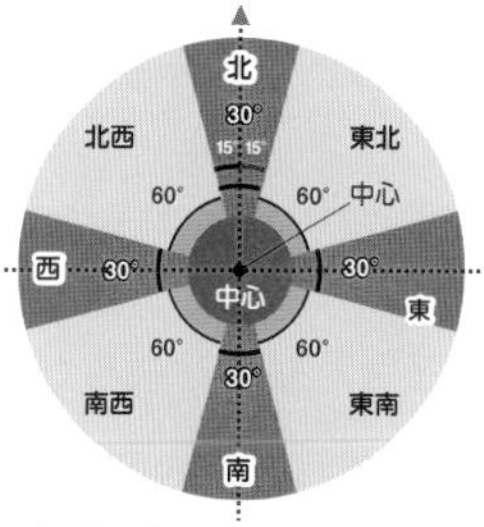


東西南北は各30度、東北、東南、南西、北西は各60度の範囲。中心は家の中心から半径90cmの円内を指す

# ラッキーゾーン

ラッキーゾーンとは、「龍脈」と呼ばれる家の中を流れる幸運の通り道。幸運は玄関から入り、家の中心を通って対角側の壁へと流れます。家の構造上、ラッキーゾーンが存在しない間取りでも、玄関、家の中心、対角側に龍の置き物を置いたりすることで、ラッキーゾーンをつくることができます。

実はこのラッキーゾーン、各部屋にも、一戸建ての2階以上にも存在するので、しっかり強化しておくことで、家全体がより幸運に包まれます。

## 〈ラッキーゾーンの出し方〉

1.玄関（入口）の幅の中心と家（部屋）の中心を結び、反対側の壁まで通る線を引く（図の❶の線）
2.①の線と平行に、玄関（入口）がある壁の3分の1の幅になるように2本の線を引く（図の❷の線）。ただし、北の玄関（入口）は、中心までしか届かず、幅は倍になる（図の点線部分）。また、中心の玄関にはラッキーゾーンは存在しない

※2階建て以上の一戸建ての場合、ラッキーゾーンは各階ごとに求める。2階　以上のラッキーゾーンは、それぞれの階の階段を上りきったところから始まり、その階の中心を通り、反対側の壁へ

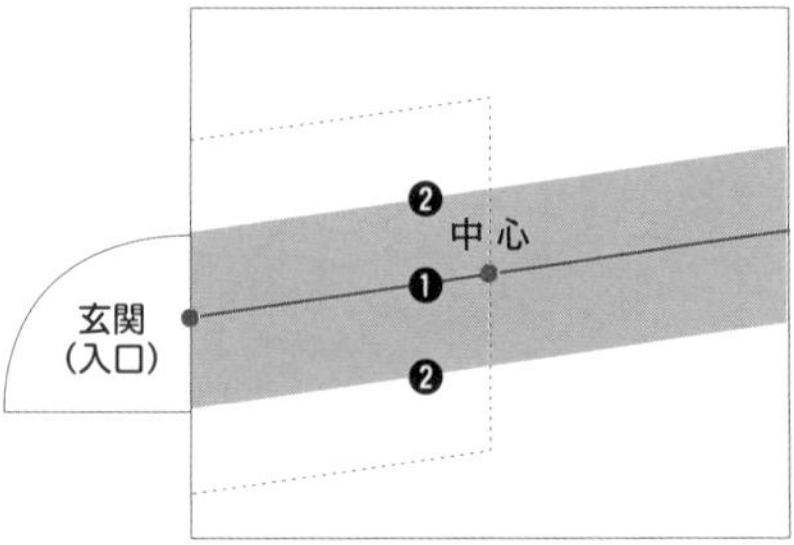

# 「欠け」と「張り」

建物の形に凹凸がある家の場合、風水ではそれらを「欠け」や「張り」と判断します。鬼門方位以外の張りは方位のパワーをアップする吉相ですが、欠けと鬼門方位の張りはダウンするダメージに。いくら家の風水に力を入れても、建物自体にパワーがないため、その効き目が出にくくなってしまいます。

ちなみに、玄関ポーチによる欠けは、それを補う位置に外柱がある、上に屋根がある、上階の外壁が覆っているなどの場合、凶作用はほとんど軽減されると考えていいでしょう。

## 〈欠けの手当て〉

### 〈家の中の場合〉

欠けている部分の内側の壁（★印）に鏡をつけたり八角鏡を飾る。どれか1か所でもOK

### 〈家の外の場合〉

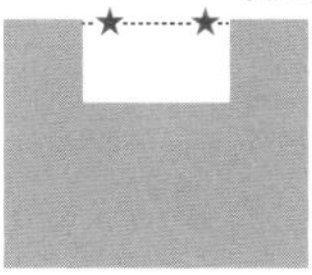

欠けをなくす壁の線（★印）をつくり出すように盛り塩や置き塩を。1か所でもOK

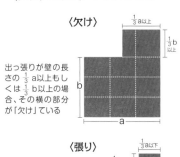

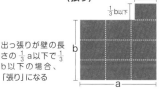

欠けがないと想定した角（★印）に盛り塩や置き塩を。ここに植木を置いても

## 〈欠けと張りの判断法〉

### 〈欠け〉

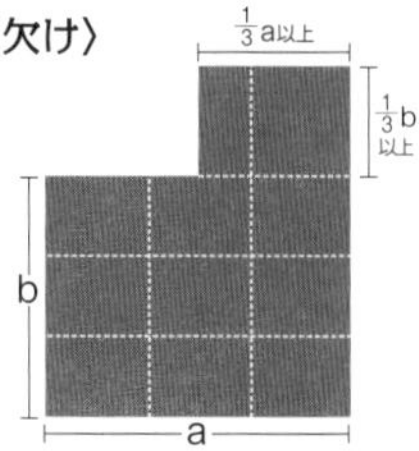


出っ張りが壁の長さの $\frac{1}{3}$ a以上もしくは $\frac{1}{3}$ b以上の場合、その横の部分が「欠け」ている

### 〈張り〉

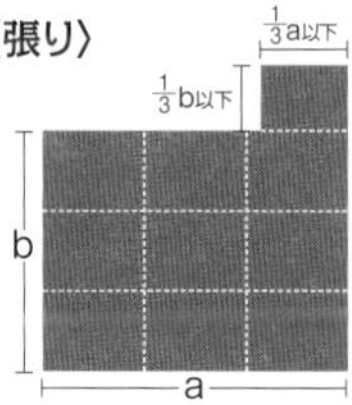


出っ張りが壁の長さの $\frac{1}{3}$ a以下で $\frac{1}{3}$ b以下の場合、「張り」になる

## 〈鬼門ラインと3つのゾーン〉

鬼門方位とは、東北と南西のこと。東北は「表鬼門」、南西は「裏鬼門」と呼ぶこともあります。鬼門というと不吉と思われがちですが、風水的にはとくに東北に神様がいらっしゃるとされ、神聖なパワーを持つ方位と考えます。ただ、その分、粗末に扱うとマイナスの影響が強く出てしまうので、注意が必要なのです。

60度の真ん中を結ぶ線を「鬼門ライン」といい、鬼門ラインから5度、10度、15度に分けた3つのゾーンで、その影響の大きさは変わってきます。もちろん鬼門ライン上がもっとも影響大。ここにトイレの便器など、水場や汚れやすいものがかかっている家はパワーダウンしやすいといえるので、換気を良くし、掃除をまめにして、できるだけ清潔な空間に保つようにすることが大切です。

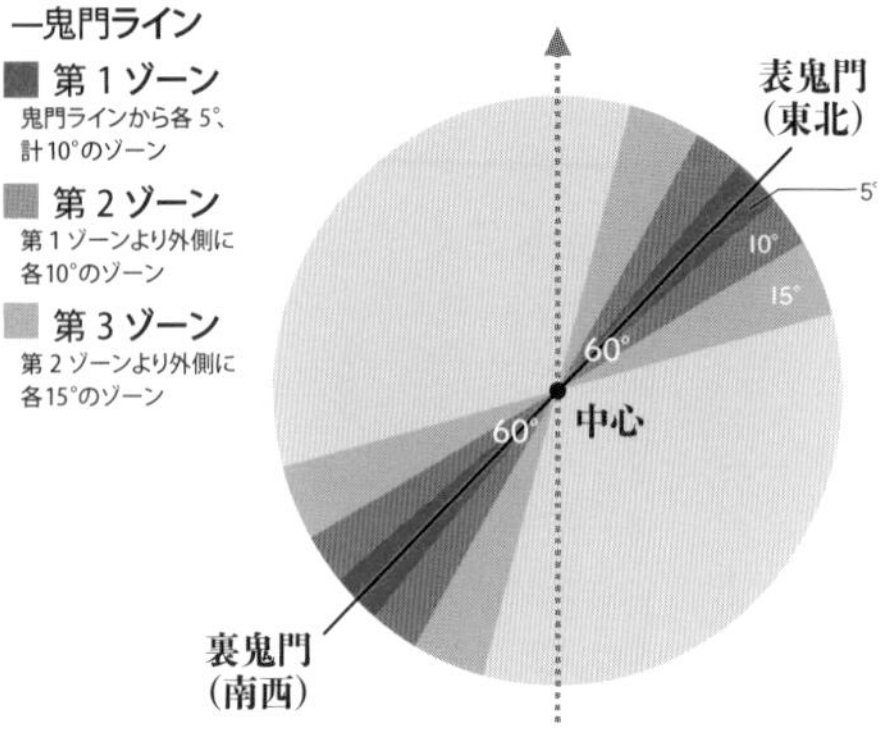


鬼門ライン上は一番影響が強く出る。ラインから離れるほど、その影響はやわらぐ

## 〈盛り塩のやり方〉

### 置き塩の場合は?

地面に直接置く盛り塩を「置き塩」といい、土地の欠けを手当てする際などに活用します。大地に直接10グラム程度の塩を置けばOK。風で飛んでしまっても1週間は効力を発揮すると考えていいでしょう。

### 「持ち塩」って何?

場を守るのが盛り塩だとすると持ち歩く「人」を守ってくれるのが「持ち塩」。10グラム程度の塩をビニール袋やケースなどに入れて持ち歩くだけで、住まいの盛り塩と同様、不運から守り、幸運を引き寄せてくれます。

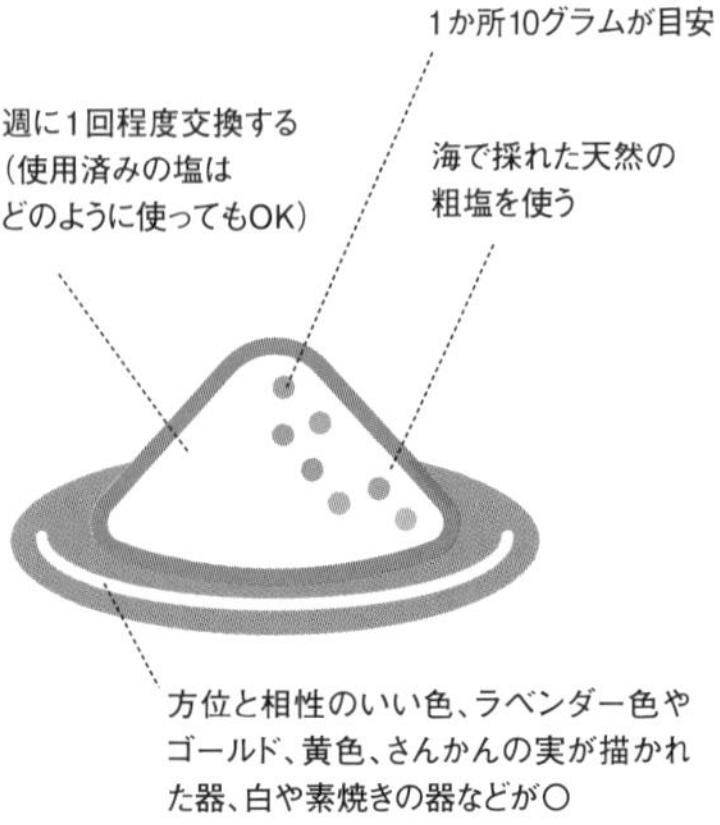

# 〈方位別パワー＆カラー〉

８方位＋中心の９方位には、それぞれ関係の深い運気があります。家のその方位が吉相ならいい方向に働きますが、水場や汚れなどで凶相になっている場合、パワーが悪い作用に変わってしまいます。各方位と相性のいい色がありますので、方位のラッキーカラーを取り入れて整えるといいでしょう。

また、叶えたい運気を持つ方位への吉方位旅行もおすすめです。

| 方位 | 運気 | カラー |
|---|---|---|
| 北西 | 勝負運・出世運・事業運・スポンサー運・神仏の加護 | **オレンジ・ベージュ・グリーン・ゴールド** |
| 北 | 貯蓄運・子宝運・愛情運・信頼・秘密を守る力 | **ピンク・オレンジ・ワインレッド** |
| 東北 | 不動産運・財産運・健康運・相続運・いい変化をもたらす力 | **白・赤・黄** |
| 西 | 金運・商売運・恋愛運・娯楽、人生の楽しみを与える力 | **黄・白・ピンク・少量の赤** |
| 中心 | すべての運をアップする力・夢をかなえる力 | **ラベンダー・黄・グリーン・ゴールド** |
| 東 | 仕事運・発展運・いい情報、若さややる気をもたらす力 | **白・赤・ブルー・ピンク** |
| 南西 | 家庭運・不動産運・健康運・安定・根気・持続する力 | **黄・茶・グリーン・ラベンダー・黒・赤** |
| 南 | 名誉運・ビューティー運・くじ、懸賞運・才能、直感力 | **グリーン・オレンジ・ゴールド・少量の赤** |
| 東南 | 恋愛、結婚運・旅行運・人間関係運・縁を取り持つ力 | **ピンク・グリーン・ベージュ・オレンジ** |

生まれ年別

# 本命星吉方位表

## 【生まれ年別干支&本命星表】

生まれ年によって9つの本命星があります。星にもとづく方位が年ごとに変化する関係によって吉凶が起こります。まずは左の表で自分の本命星を調べましょう。

| 一白水星 | 二黒土星 | 三碧木星 | 四緑木星 | 五黄土星 | 六白金星 | 七赤金星 | 八白土星 | 九紫火星 |
|---|---|---|---|---|---|---|---|---|
| S11子 | S10亥 | S9戌 | S8酉 | S7申 | S6未 | S14卯 | S13寅 | S12丑 |
| S20酉 | S19申 | S18未 | S17午 | S16巳 | S15辰 | S23子 | S22亥 | S21戌 |
| S29午 | S28巳 | S27辰 | S26卯 | S25寅 | S24丑 | S32酉 | S31申 | S30未 |
| S38卯 | S37寅 | S36丑 | S35子 | S34亥 | S33戌 | S41午 | S40巳 | S39辰 |
| S47子 | S46亥 | S45戌 | S44酉 | S43申 | S42未 | S50卯 | S49寅 | S48丑 |
| S56酉 | S55申 | S54未 | S53午 | S52巳 | S51辰 | S59子 | S58亥 | S57戌 |
| H2午 | H1巳 | S63辰 | S62卯 | S61寅 | S60丑 | H5酉 | H4申 | H3未 |
| H11卯 | H10寅 | H9丑 | H8子 | H7亥 | H6戌 | H14午 | H13巳 | H12辰 |
| H20子 | H19亥 | H18戌 | H17酉 | H25巳 | H24辰 | H23卯 | H22寅 | H21丑 |

### 表の見方

Sは昭和、Hは平成の略です。例えば昭和42年の人なら未年の六白金星になります。ただし、各年の節分以前の生まれの人は前年の干支と本命星になります。昭和44年2月生まれの人なら昭和43年本命星とみなし、五黄土星になります。

## 一白水星

| 年 | 方位 | 1月 | 2月 | 3月 | 4月 | 5月 | 6月 | 7月 | 8月 | 9月 | 10月 | 11月 | 12月 |
|---|---|---|---|---|---|---|---|---|---|---|---|---|---|
| 2022年 | 北 | | | | | | | | | | | | |
| | 東北 | ○ | | ○ | ○ | | | | | | ○ | | ○ |
| | 東 | | ○ | ○ | ◎ | | | ◎ | ◎ | | | ○ | ○ |
| | 東南 | | | ○ | | ◎ | ◎ | | ◎ | | | | ○ |
| | 南 | | | | | | | | | | | | |
| | 南西 | | | | | | | | | | | | |
| | 西 | | ◎ | | ○ | | | ○ | ◎ | ◎ | | ◎ | ◎ |
| | 北西 | | | ○ | | | ○ | | ◎ | | ◎ | | ○ |
| 2023年 | 北 | | ○ | ○ | | | | △ | ○ | | | ○ | ○ |
| | 東北 | ○ | | | | | | | | | | | |
| | 東 | ◎ | | | ○ | ○ | △ | | △ | | ○ | | |
| | 東南 | | | | | | | | | | | | |
| | 南 | | ○ | △ | | | △ | ○ | ○ | | ○ | | |
| | 南西 | | | | | | | | | | | | |
| | 西 | ○ | | | | | | | | | | | |
| | 北西 | | | | | | | | | | | | |
| 2024年 | 北 | | | △ | △ | ○ | | | ○ | ○ | | | △ |
| | 東北 | | ○ | | ◎ | | ◎ | | | | ○ | ○ | |
| | 東 | ○ | | | | | | | | | | | |
| | 東南 | | ○ | | △ | | △ | | ○ | ○ | | | |
| | 南 | | | ○ | ◎ | ◎ | | | ◎ | ○ | | | |
| | 南西 | | | | △ | | ○ | ○ | | | ○ | △ | |
| | 西 | | | | | | | | | | | | |
| | 北西 | | | | | | | | | | | | |
| 2025年 | 北 | △ | ◎ | | | ◎ | | | | ○ | ○ | ◎ | |
| | 東北 | ◎ | | | | | | | | | | | |
| | 東 | | △ | △ | ○ | | | ○ | ○ | | | △ | △ |
| | 東南 | △ | | | | | | | | | | | |
| | 南 | ◎ | ◎ | | | ◎ | ○ | | | ○ | ◎ | ◎ | |
| | 南西 | | | | | | | | | | | | |
| | 西 | | ◎ | | ○ | | | ○ | ◎ | ◎ | | ◎ | ◎ |
| | 北西 | | | | | | | | | | | | |
| 2026年 | 北 | | | | | | | | | | | | |
| | 東北 | | | | ○ | ○ | | | | ◎ | ◎ | | |
| | 東 | ○ | | | ○ | ○ | △ | | △ | | ○ | | |
| | 東南 | | ○ | ○ | | ○ | | △ | | △ | | | ○ |
| | 南 | | | | | | | | | | | | |
| | 南西 | | | | ◎ | ○ | | ○ | | ◎ | ◎ | | |
| | 西 | ○ | | | ○ | ◎ | ◎ | | ◎ | ◎ | ○ | | |
| | 北西 | | △ | △ | | | | ○ | | △ | | △ | △ |

○＝中吉　◎＝大吉　△＝小吉　無印＝凶

## 【本命星吉方位表】

引っ越しだけでなく、土地や物件探し、旅行や外出、買い物のときも、表を参照していい月を選ぶといいでしょう。◎は大吉、○は中吉、△は小吉方位、無印は凶方位です。凶方位（無印方位）への移動は避けたいのですが、どうしてもしなくてはならないときは、粗塩を持参したり、旅先の神社にお参りしたり、地元の神社で方位除けをしてもらいましょう。また、旅先や引っ越しで家族全員の吉方位が重ならない場合は、一家の主や世帯主の方位を優先します。

## 三碧木星

| 年 | 方位 | 1月 | 2月 | 3月 | 4月 | 5月 | 6月 | 7月 | 8月 | 9月 | 10月 | 11月 | 12月 |
|---|---|---|---|---|---|---|---|---|---|---|---|---|---|
| 2022年 | 北 | △ | ○ | | | | | ○ | ◎ | ◎ | ○ | ○ | |
| | 東北 | | | ○ | | | ○ | | | △ | △ | | ○ |
| | 東 | | | | | | | | | | | | |
| | 東南 | | | ◎ | ○ | ○ | ○ | | ◎ | | | | ◎ |
| | 南 | ○ | ○ | | | | | ◎ | ◎ | ○ | ○ | ○ | |
| | 南西 | | | | | | | | | | | | |
| | 西 | | | | | | | | | | | | |
| | 北西 | | | △ | | | △ | | △ | | ○ | | △ |
| 2023年 | 北 | | | | ○ | ◎ | | ○ | ○ | | | | |
| | 東北 | | | ○ | | △ | △ | | | ○ | | | ○ |
| | 東 | | △ | | ○ | | △ | | ○ | | △ | △ | |
| | 東南 | ○ | | | | | | | | | | | |
| | 南 | | | | ○ | ○ | △ | △ | △ | | | | |
| | 南西 | | | ◎ | | ○ | ◎ | ◎ | | ○ | | | ◎ |
| | 西 | | | | | | | | | | | | |
| | 北西 | ○ | | | | | | | | | | | |
| 2024年 | 北 | ○ | ○ | ○ | △ | △ | | | | | △ | ○ | ○ |
| | 東北 | | △ | △ | △ | | ○ | | | ○ | | △ | △ |
| | 東 | ○ | | | | | | | | | | | |
| | 東南 | | ○ | | △ | | ○ | △ | △ | △ | | | |
| | 南 | ○ | ○ | △ | △ | △ | | | | | ○ | ○ | |
| | 南西 | | | ◎ | ◎ | | ○ | | | ◎ | | ○ | ◎ |
| | 西 | | | | | | | | | | | | |
| | 北西 | | | | | | | | | | | | |
| 2025年 | 北 | △ | △ | | | | | △ | ○ | ○ | △ | △ | |
| | 東北 | △ | | | | | | | | | | | |
| | 東 | | ◎ | | ○ | ○ | | ◎ | | | | ◎ | |
| | 東南 | △ | | | | | | | | | | | |
| | 南 | △ | △ | | | | | ○ | ○ | △ | △ | △ | |
| | 南西 | | | | | | | | | | | | |
| | 西 | | ◎ | | ○ | ◎ | | ○ | | ○ | | ◎ | |
| | 北西 | | | | | | | | | | | | |
| 2026年 | 北 | | | | | | | | | | | | |
| | 東北 | | | ◎ | | ○ | ○ | | | ◎ | | | ◎ |
| | 東 | ○ | | | | | | | | | | | |
| | 東南 | | ○ | ○ | | ◎ | | ○ | | ◎ | | | ○ |
| | 南 | | | | | | | | | | | | |
| | 南西 | | | ○ | | △ | ○ | ○ | | △ | | | ○ |
| | 西 | ○ | | | | | | | | | | | |
| | 北西 | | ○ | △ | | | | ○ | | △ | ○ | ○ | △ |

## 二黒土星

| 年 | 方位 | 1月 | 2月 | 3月 | 4月 | 5月 | 6月 | 7月 | 8月 | 9月 | 10月 | 11月 | 12月 |
|---|---|---|---|---|---|---|---|---|---|---|---|---|---|
| 2022年 | 北 | | ○ | | | | △ | | △ | ○ | ○ | ○ | |
| | 東北 | ◎ | | | | | | | | | | | |
| | 東 | | ○ | ○ | | ○ | | △ | △ | | | ○ | ○ |
| | 東南 | | △ | | ○ | ○ | ○ | | △ | | | | |
| | 南 | | ◎ | | | ○ | | | ◎ | ◎ | ◎ | ◎ | |
| | 南西 | | | | | | | | | | | | |
| | 西 | | ○ | | | ○ | | ◎ | ◎ | | | ○ | ○ |
| | 北西 | | ○ | | | | ◎ | | ◎ | | | ○ | |
| 2023年 | 北 | | ○ | | | ○ | | ◎ | ◎ | | | ○ | |
| | 東北 | | | ○ | ◎ | | ◎ | | | ○ | ○ | | ○ |
| | 東 | | | | | | | | | | | | |
| | 東南 | ○ | | | | | | | | | | | |
| | 南 | | ○ | | | ◎ | ◎ | ◎ | ◎ | | | ○ | |
| | 南西 | | | △ | △ | | △ | ○ | | ○ | ○ | | △ |
| | 西 | | | | | | | | | | | | |
| | 北西 | ○ | | | | | | | | | | | |
| 2024年 | 北 | | ○ | ◎ | ◎ | ◎ | | | ○ | | | ○ | ◎ |
| | 東北 | ◎ | | ◎ | ◎ | | ○ | | | ○ | ◎ | | ◎ |
| | 東 | | | | | | | | | | | | |
| | 東南 | | | | | | | | | | | | |
| | 南 | | ◎ | ◎ | ◎ | ◎ | | | ○ | | | ◎ | |
| | 南西 | | | ○ | ◎ | | ◎ | ◎ | | ○ | ○ | | ○ |
| | 西 | | | | | | | | | | | | |
| | 北西 | | | | | | | | | | | | |
| 2025年 | 北 | ◎ | ◎ | | | ○ | | | ○ | ◎ | ◎ | ◎ | |
| | 東北 | ◎ | | | | | | | | | | | |
| | 東 | | ◎ | ◎ | | ◎ | | ○ | ○ | | | ◎ | ◎ |
| | 東南 | | △ | | ○ | ○ | ○ | | △ | | | | |
| | 南 | ◎ | ◎ | | | ○ | | | ◎ | ◎ | ◎ | ◎ | |
| | 南西 | | | | | | | | | | | | |
| | 西 | | △ | | | △ | | ○ | ○ | | | △ | △ |
| | 北西 | | | | | | | | | | | | |
| 2026年 | 北 | | | | | | | | | | | | |
| | 東北 | | | △ | ○ | | ○ | | | △ | △ | | △ |
| | 東 | | ◎ | | ○ | ○ | | | ◎ | | | ◎ | |
| | 東南 | ○ | | | | | | | | | | | |
| | 南 | | | | | | | | | | | | |
| | 南西 | | | ○ | ○ | | ○ | ◎ | | ◎ | ◎ | | ○ |
| | 西 | | △ | | ○ | ○ | | | △ | △ | | △ | |
| | 北西 | | | | | | | | | | | | |

○＝中吉　◎＝大吉　△＝小吉　無印＝凶

## 五黄土星

| 年 | 方位 | 1月 | 2月 | 3月 | 4月 | 5月 | 6月 | 7月 | 8月 | 9月 | 10月 | 11月 | 12月 |
|---|---|---|---|---|---|---|---|---|---|---|---|---|---|
| 2022年 | 北 | ◎ | ○ | | | △ | | ○ | △ | ○ | ○ | ○ | |
| 2022年 | 東北 | | | ○ | ○ | | ○ | | | ◎ | ◎ | | ○ |
| 2022年 | 東 | | ○ | ○ | ○ | ○ | | △ | △ | | | ○ | ○ |
| 2022年 | 東南 | | △ | ○ | ○ | ○ | ○ | | △ | | | | ○ |
| 2022年 | 南 | ○ | ◎ | | | ○ | ◎ | ○ | ◎ | ◎ | ◎ | ◎ | |
| 2022年 | 南西 | | | | | | | | | | | | |
| 2022年 | 西 | | ○ | | ◎ | ○ | | ◎ | ◎ | ◎ | | ○ | ○ |
| 2022年 | 北西 | | ○ | ◎ | | | ◎ | | ◎ | | ○ | ○ | ◎ |
| 2023年 | 北 | | ○ | ○ | ◎ | ○ | | ◎ | ◎ | | | ○ | ○ |
| 2023年 | 東北 | ○ | | ○ | ◎ | ◎ | ◎ | | | ○ | ○ | | ○ |
| 2023年 | 東 | ○ | ◎ | | ○ | ○ | ◎ | | ◎ | | ◎ | ◎ | |
| 2023年 | 東南 | ○ | | | | | | | | | | | |
| 2023年 | 南 | | ○ | ◎ | ○ | ◎ | ◎ | ◎ | ◎ | | | ○ | |
| 2023年 | 南西 | | | △ | △ | ○ | △ | ○ | | ○ | ○ | | △ |
| 2023年 | 西 | ◎ | | | | | | | | | | | |
| 2023年 | 北西 | ○ | | | | | | | | | | | |
| 2024年 | 北 | ◎ | ○ | ◎ | ◎ | ◎ | | | ○ | ○ | ◎ | ○ | ◎ |
| 2024年 | 東北 | ◎ | ◎ | ◎ | ◎ | | ○ | | | ○ | ◎ | ◎ | ◎ |
| 2024年 | 東 | ○ | | | | | | | | | | | |
| 2024年 | 東南 | | ○ | | ◎ | ○ | ◎ | ◎ | ◎ | ◎ | | | |
| 2024年 | 南 | ○ | ◎ | ◎ | ◎ | ◎ | | | ○ | ◎ | ○ | ◎ | |
| 2024年 | 南西 | | | ○ | ◎ | | ◎ | ◎ | | ○ | ○ | ◎ | ○ |
| 2024年 | 西 | | | | | | | | | | | | |
| 2024年 | 北西 | | | | | | | | | | | | |
| 2025年 | 北 | ◎ | ◎ | | | ○ | | ◎ | ○ | ◎ | ◎ | ◎ | |
| 2025年 | 東北 | ◎ | | | | | | | | | | | |
| 2025年 | 東 | | ◎ | ◎ | ◎ | ◎ | | ○ | ○ | | | ◎ | ◎ |
| 2025年 | 東南 | ◎ | △ | ○ | ○ | ○ | ○ | | △ | | | | ○ |
| 2025年 | 南 | ◎ | ◎ | | | ○ | ◎ | ○ | ◎ | ◎ | ◎ | ◎ | |
| 2025年 | 南西 | | | | | | | | | | | | |
| 2025年 | 西 | | △ | | ○ | △ | | ○ | ○ | ○ | | △ | △ |
| 2025年 | 北西 | | | | | | | | | | | | |
| 2026年 | 北 | | | | | | | | | | | | |
| 2026年 | 東北 | | | △ | ○ | ○ | ○ | | | △ | △ | | △ |
| 2026年 | 東 | ◎ | ◎ | | ○ | ○ | ◎ | | ◎ | | ◎ | ◎ | |
| 2026年 | 東南 | ○ | ◎ | ◎ | | ○ | | ◎ | ○ | ◎ | | | ◎ |
| 2026年 | 南 | | | | | | | | | | | | |
| 2026年 | 南西 | | | ○ | ○ | ◎ | ○ | ◎ | | ◎ | ◎ | | ○ |
| 2026年 | 西 | ○ | △ | | ○ | ○ | ○ | | △ | △ | ○ | △ | |
| 2026年 | 北西 | | ◎ | ◎ | | | | ○ | ○ | ◎ | ○ | ◎ | ◎ |

## 四緑木星

| 年 | 方位 | 1月 | 2月 | 3月 | 4月 | 5月 | 6月 | 7月 | 8月 | 9月 | 10月 | 11月 | 12月 |
|---|---|---|---|---|---|---|---|---|---|---|---|---|---|
| 2022年 | 北 | △ | ○ | | | | | ○ | ◎ | ◎ | ○ | ○ | |
| 2022年 | 東北 | ○ | | | ○ | | | | | △ | △ | | |
| 2022年 | 東 | | | ○ | ○ | ○ | | | ◎ | | | | ○ |
| 2022年 | 東南 | | | | | | | | | | | | |
| 2022年 | 南 | ○ | ○ | | | | ○ | ◎ | ◎ | ○ | ○ | ○ | |
| 2022年 | 南西 | | | | | | | | | | | | |
| 2022年 | 西 | | | | △ | ○ | | | △ | △ | | | ○ |
| 2022年 | 北西 | | | | | | | | | | | | |
| 2023年 | 北 | | | ◎ | ○ | ◎ | | ○ | ○ | | | | ◎ |
| 2023年 | 東北 | ○ | | | ○ | △ | △ | | | | ○ | | |
| 2023年 | 東 | ○ | △ | | | ○ | △ | | | | △ | △ | |
| 2023年 | 東南 | | | | | | | | | | | | |
| 2023年 | 南 | | | △ | ○ | ○ | △ | △ | △ | | | | |
| 2023年 | 南西 | | | | ◎ | ○ | ◎ | ◎ | | | ○ | | |
| 2023年 | 西 | △ | | | | | | | | | | | |
| 2023年 | 北西 | | | | | | | | | | | | |
| 2024年 | 北 | ○ | ○ | ○ | △ | △ | | | | ○ | △ | ○ | ○ |
| 2024年 | 東北 | ○ | △ | △ | △ | | | | | | ○ | △ | △ |
| 2024年 | 東 | | | | | | | | | | | | |
| 2024年 | 東南 | | | | | | | | | | | | |
| 2024年 | 南 | ○ | ○ | △ | △ | △ | | | | △ | ○ | ○ | |
| 2024年 | 南西 | | | ◎ | ◎ | | | ○ | | | ◎ | ○ | ◎ |
| 2024年 | 西 | | | | | | | | | | | | |
| 2024年 | 北西 | | | | | | | | | | | | |
| 2025年 | 北 | △ | △ | | | | | △ | ○ | ○ | △ | △ | |
| 2025年 | 東北 | △ | | | | | | | | | | | |
| 2025年 | 東 | | | | | | | | | | | | |
| 2025年 | 東南 | | ◎ | ◎ | ○ | ○ | ○ | | | | | | ◎ |
| 2025年 | 南 | △ | △ | | | | △ | ○ | ○ | △ | △ | △ | |
| 2025年 | 南西 | | | | | | | | | | | | |
| 2025年 | 西 | | | | | | | | | | | | |
| 2025年 | 北西 | | | | | | | | | | | | |
| 2026年 | 北 | | | | | | | | | | | | |
| 2026年 | 東北 | | | | | | | | | | | | |
| 2026年 | 東 | | △ | | | ○ | △ | | | | △ | △ | |
| 2026年 | 東南 | ○ | ○ | ○ | | | | | ◎ | ◎ | | | ○ |
| 2026年 | 南 | | | | | | | | | | | | |
| 2026年 | 南西 | | | | | | | | | | | | |
| 2026年 | 西 | | ◎ | | | ○ | ○ | | | ◎ | ○ | ◎ | |
| 2026年 | 北西 | | ○ | △ | | | | | ○ | △ | ○ | ○ | △ |

○＝中吉　◎＝大吉　△＝小吉　無印＝凶

## 七赤金星

| 年 | 方位＼月 | 1月 | 2月 | 3月 | 4月 | 5月 | 6月 | 7月 | 8月 | 9月 | 10月 | 11月 | 12月 |
|---|---|---|---|---|---|---|---|---|---|---|---|---|---|
| 2022年 | 北 | | | | | ○ | | ◎ | ◎ | ○ | | | |
| | 東北 | ○ | | | ○ | | ◎ | | | | ◎ | | |
| | 東 | | | | | | | | | | | | |
| | 東南 | | ○ | △ | ○ | | ○ | | △ | | | | △ |
| | 南 | | | | | △ | ○ | ○ | △ | ○ | | | |
| | 南西 | | | | | | | | | | | | |
| | 西 | | | | | | | | | | | | |
| | 北西 | | ○ | ◎ | | | ◎ | | ◎ | | ○ | ○ | ◎ |
| 2023年 | 北 | | △ | △ | ○ | ○ | | | | | | △ | △ |
| | 東北 | ○ | | | | | | | | | | | |
| | 東 | | ◎ | | ○ | | ◎ | | ○ | | | ◎ | |
| | 東南 | ○ | | | | | | | | | | | |
| | 南 | | ○ | ◎ | ◎ | ○ | ◎ | | | | | ○ | |
| | 南西 | | | | | | | | | | | | |
| | 西 | | | | | | | | | | | | |
| | 北西 | ◎ | | | | | | | | | | | |
| 2024年 | 北 | ○ | | | | | | | | | | | |
| | 東北 | | ◎ | | ◎ | | | | | ◎ | ○ | ◎ | |
| | 東 | ○ | | | | | | | | | | | |
| | 東南 | | ○ | | ◎ | ◎ | ○ | ◎ | | ◎ | | | |
| | 南 | ◎ | | | | | | | | | | | |
| | 南西 | | | | △ | | | ○ | | △ | △ | ○ | |
| | 西 | | | | | | | | | | | | |
| | 北西 | | | | | | | | | | | | |
| 2025年 | 北 | | | | | | | | | | | | |
| | 東北 | ◎ | | | | | | | | | | | |
| | 東 | | △ | ○ | | ○ | | △ | | | | △ | ○ |
| | 東南 | ◎ | ◎ | ○ | ◎ | | ◎ | | ○ | | | | ○ |
| | 南 | | | | | | | | | | | | |
| | 南西 | | △ | | | ○ | | ○ | | ○ | | △ | △ |
| | 西 | | | | | | | | | | | | |
| | 北西 | | | | | | | | | | | | |
| 2026年 | 北 | | | | | | | | | | | | |
| | 東北 | | | | | | | | | | | | |
| | 東 | | ◎ | | ○ | | ◎ | | ○ | | | ◎ | |
| | 東南 | ◎ | | ○ | | △ | | ○ | ○ | △ | | | ○ |
| | 南 | | | | | | | | | | | | |
| | 南西 | | | | | | | | | | | | |
| | 西 | | ○ | | ○ | | ○ | | △ | △ | | ○ | |
| | 北西 | | | ◎ | | | | ○ | ○ | ◎ | ◎ | | ◎ |

## 六白金星

| 年 | 方位＼月 | 1月 | 2月 | 3月 | 4月 | 5月 | 6月 | 7月 | 8月 | 9月 | 10月 | 11月 | 12月 |
|---|---|---|---|---|---|---|---|---|---|---|---|---|---|
| 2022年 | 北 | ◎ | | | | ○ | | ◎ | ◎ | ○ | ◎ | | |
| | 東北 | | | ○ | | | ◎ | | | ◎ | | | ○ |
| | 東 | | △ | ○ | ○ | | | △ | △ | | | △ | ○ |
| | 東南 | | | | | | | | | | | | |
| | 南 | ◎ | | | | △ | ○ | ○ | △ | ○ | ○ | | |
| | 南西 | | | | | | | | | | | | |
| | 西 | | ○ | | ◎ | | | ◎ | ◎ | | | ○ | ○ |
| | 北西 | | | | | | | | | | | | |
| 2023年 | 北 | | △ | △ | ○ | ○ | | ○ | | | | △ | △ |
| | 東北 | | | ◎ | ○ | ◎ | ◎ | | | ○ | | | ◎ |
| | 東 | ○ | | | | | | | | | | | |
| | 東南 | | | | | | | | | | | | |
| | 南 | | ○ | ◎ | ◎ | ○ | ◎ | ◎ | | | | ○ | |
| | 南西 | | | ○ | ○ | ◎ | ◎ | | | ◎ | | | ○ |
| | 西 | ◎ | | | | | | | | | | | |
| | 北西 | | | | | | | | | | | | |
| 2024年 | 北 | ○ | ◎ | ○ | ◎ | | | | ○ | ○ | ◎ | ◎ | ○ |
| | 東北 | ○ | | | | | | | | | | | |
| | 東 | | | | | | | | | | | | |
| | 東南 | | | | ◎ | ◎ | ○ | ◎ | ◎ | | | | |
| | 南 | ◎ | ○ | ◎ | ◎ | | | | ○ | ◎ | ◎ | ○ | |
| | 南西 | | | | | | | | | | | | |
| | 西 | | | | | | | | | | | | |
| | 北西 | | | | | | | | | | | | |
| 2025年 | 北 | ◎ | | | | | | | | | | | |
| | 東北 | | | | | | | | | | | | |
| | 東 | | △ | ○ | ○ | | | △ | △ | | | △ | ○ |
| | 東南 | ◎ | ◎ | ○ | ◎ | ◎ | | | | | | | ○ |
| | 南 | ◎ | | | | | | | | | | | |
| | 南西 | | | | | | | | | | | | |
| | 西 | | △ | | ○ | | | ○ | ○ | | | △ | △ |
| | 北西 | | | | | | | | | | | | |
| 2026年 | 北 | | | | | | | | | | | | |
| | 東北 | | | ○ | △ | ○ | ○ | | | △ | | | ○ |
| | 東 | ○ | | | ○ | ○ | | | ○ | | ◎ | | |
| | 東南 | ◎ | ○ | | | | | ○ | ○ | △ | | | |
| | 南 | | | | | | | | | | | | |
| | 南西 | | | ○ | ○ | ◎ | ◎ | | | ◎ | | | ○ |
| | 西 | | | | ○ | ○ | | | △ | △ | ○ | | |
| | 北西 | | ○ | | | | | ○ | ○ | ◎ | ◎ | ○ | |

○＝中吉　◎＝大吉　△＝小吉　無印＝凶

## 九紫火星

| 年 | 方位 | 1月 | 2月 | 3月 | 4月 | 5月 | 6月 | 7月 | 8月 | 9月 | 10月 | 11月 | 12月 |
|---|---|---|---|---|---|---|---|---|---|---|---|---|---|
| 2022年 | 北 | ◎ | | | | | | | | | | | |
| | 東北 | | | ◎ | ◎ | | ○ | | | ○ | | | ◎ |
| | 東 | | | ◎ | ○ | ○ | | ◎ | ◎ | | | | ◎ |
| | 東南 | | ○ | | ◎ | | ○ | | ◎ | | | | |
| | 南 | △ | | | | | | | | | | | |
| | 南西 | | | | | | | | | | | | |
| | 西 | | | | ○ | △ | | ○ | △ | △ | | | ○ |
| | 北西 | | ○ | | | | ○ | | △ | | ○ | ○ | |
| 2023年 | 北 | | | | | | | | | | | | |
| | 東北 | ◎ | | △ | | ○ | △ | | | ○ | ○ | | △ |
| | 東 | ○ | ○ | | ◎ | ◎ | ◎ | | | | ○ | ○ | |
| | 東南 | ◎ | | | | | | | | | | | |
| | 南 | | | | | | | | | | | | |
| | 南西 | | | ○ | | ○ | △ | | | △ | △ | | ○ |
| | 西 | ○ | | | | | | | | | | | |
| | 北西 | △ | | | | | | | | | | | |
| 2024年 | 北 | | | | ◎ | ○ | | | ◎ | ◎ | ◎ | | |
| | 東北 | | | | | | | | | | | | |
| | 東 | ◎ | | | | | | | | | | | |
| | 東南 | | ◎ | | ◎ | ○ | | ◎ | | ○ | | | |
| | 南 | | | | △ | △ | | | ○ | ○ | △ | | |
| | 南西 | | | | | | | | | | | | |
| | 西 | | | | | | | | | | | | |
| | 北西 | | | | | | | | | | | | |
| 2025年 | 北 | ◎ | △ | | | ○ | | ○ | | | ○ | △ | |
| | 東北 | | | | | | | | | | | | |
| | 東 | | | | | | | | | | | | |
| | 東南 | ◎ | △ | | ○ | | △ | | ○ | | | | |
| | 南 | △ | △ | | | ○ | ○ | △ | | | △ | △ | |
| | 南西 | | | | | | | | | | | | |
| | 西 | | | | | | | | | | | | |
| | 北西 | | | | | | | | | | | | |
| 2026年 | 北 | | | | | | | | | | | | |
| | 東北 | | | ○ | | ◎ | ○ | | | ◎ | ◎ | | ○ |
| | 東 | | ○ | | ◎ | ◎ | ◎ | | | | ○ | ○ | |
| | 東南 | ○ | | | | | | | | | | | |
| | 南 | | | | | | | | | | | | |
| | 南西 | | | ○ | | ○ | △ | | | △ | △ | | ○ |
| | 西 | | ○ | | ◎ | ○ | ○ | | | ◎ | ◎ | ○ | |
| | 北西 | | | | | | | | | | | | |

## 八白土星

| 年 | 方位 | 1月 | 2月 | 3月 | 4月 | 5月 | 6月 | 7月 | 8月 | 9月 | 10月 | 11月 | 12月 |
|---|---|---|---|---|---|---|---|---|---|---|---|---|---|
| 2022年 | 北 | | ○ | | | △ | | ○ | △ | | | ○ | |
| | 東北 | ◎ | | | | | | | | | | | |
| | 東 | | ○ | | ○ | ○ | | | △ | | | ○ | |
| | 東南 | | △ | ○ | | ○ | | | △ | | | | ○ |
| | 南 | | ◎ | | | ○ | ◎ | ○ | ◎ | | | ◎ | |
| | 南西 | | | | | | | | | | | | |
| | 西 | | ○ | | ◎ | ○ | | | ◎ | ◎ | | ○ | |
| | 北西 | | ○ | ◎ | | | | | ◎ | | ○ | ○ | ◎ |
| 2023年 | 北 | | | | | | | | | | | | |
| | 東北 | | | ○ | ◎ | | ◎ | | | ○ | ○ | | ○ |
| | 東 | ○ | ◎ | | | ○ | ◎ | | ◎ | | ◎ | ◎ | |
| | 東南 | | | | | | | | | | | | |
| | 南 | | | | | | | | | | | | |
| | 南西 | | | △ | △ | | △ | ○ | | ○ | ○ | | △ |
| | 西 | ◎ | | | | | | | | | | | |
| | 北西 | | | | | | | | | | | | |
| 2024年 | 北 | | | | | | | | | | | | |
| | 東北 | ◎ | | ◎ | ◎ | | ○ | | | ○ | ◎ | | ◎ |
| | 東 | | | | | | | | | | | | |
| | 東南 | | ○ | | ◎ | ○ | ◎ | | ◎ | | | | |
| | 南 | | | | | | | | | | | | |
| | 南西 | | | ○ | ◎ | | ◎ | ◎ | | ○ | ○ | | ○ |
| | 西 | | | | | | | | | | | | |
| | 北西 | | | | | | | | | | | | |
| 2025年 | 北 | | ◎ | | | ○ | | ◎ | ○ | | | ◎ | |
| | 東北 | ◎ | | | | | | | | | | | |
| | 東 | | ◎ | | ◎ | ◎ | | | ○ | | | ◎ | |
| | 東南 | ◎ | △ | ○ | | ○ | | | △ | | | | ○ |
| | 南 | | ◎ | | | ○ | ◎ | ○ | ◎ | | | ◎ | |
| | 南西 | | | | | | | | | | | | |
| | 西 | | △ | | ○ | △ | | | ○ | ○ | | △ | |
| | 北西 | | | | | | | | | | | | |
| 2026年 | 北 | | | | | | | | | | | | |
| | 東北 | | | △ | ○ | | ○ | | | △ | △ | | △ |
| | 東 | ◎ | | | | | | | | | | | |
| | 東南 | | ◎ | | | ○ | | ◎ | ○ | ◎ | | | |
| | 南 | | | | | | | | | | | | |
| | 南西 | | | ○ | ○ | | ○ | ◎ | | ◎ | ◎ | | ○ |
| | 西 | ○ | | | | | | | | | | | |
| | 北西 | | ◎ | | | | | ○ | ○ | ◎ | | ◎ | |

○＝中吉　◎＝大吉　△＝小吉　無印＝凶

# おわりに

　金運アップの風水に関心はあるけれど、風水ってなんだか難しそう、お金がかかりそう……。そう思っている人に向けて、お金をたくさんかけず、誰でも毎日超簡単にできる、今の時代の新しい金運アップの風水をテーマにした本を出してください、と親しい編集者の伊藤さん、中村さんより依頼されたのが数年前。しかし、事情があって、なかなか形になりませんでした。

「満を持して」といってもいいでしょう。今回、出版することができました。温めに温めた結果、当初よりさらにパワーアップした最強の金運アップのコパ風水を皆さんにお届けできたと思っています。

**金運アップをしたいなら、悩んだり、難しいことを考えたりせずに、この本に書いてあることだけをまずやっていただければOK。そのように厳選した金運アップの風水術をお届けしたつもりです。**

　皆さん、ご存知の「西に黄色で金運アップ」ももちろんあります。「西に黄色で金運アップ」は、いつの時代も金運強化の鉄板風水ですからね。

毎日の暮らしがお金との信頼を築きますから、日々、コツコツと金運を鍛えましょう。さらに、金運アップの風水は楽しんでやることもポイントです。

令和4年、コパビル横の数坪の小さな土地を縁あって手に入れたコパは、東京・世田谷区の瀬田にある、コパが子どものころから何十年と住み、使い続けた土地に鎮座していらっしゃった神様のお社と鳥居をここに遷します。

令和5年の春に完成予定です。銀座という土地柄、「銭洗い龍神様」にも鎮座していただき、銭洗いできるような仕掛けを考えています。いろいろと夢はふくらみ、さまざまな企画が次々と頭の中に浮かんできています。ウキウキ、ワクワクしています。令和5年春以降、銀座を訪れたときにはぜひお立ち寄りください。そして、ご参拝いただき、銭洗いをしてお金や財布を清めて運の良いお金をお持ち帰りください。

さらに、隣にはコパショップがあります。運の良い財布やお金の厄を落とす厄落とし袋などを手にしていただけたらうれしいです。

Dr.コパ

Dr.コパ　小林 祥晃（こばやし・さちあき）

1947年5月5日生まれ。東京出身。建築家。
日本の風水の第一人者として、オリジナルの開運術を提唱。
「コパさん」の愛称でも親しまれ、幅広い人気を誇る。
競走馬の馬主でもあり、コパノリッキーなど多数の優勝馬を輩出。
著書多数、雑誌、ラジオ、テレビ、講演などでも活躍中。

〈編集制作〉
編集協力◎中村裕美（羊カンパニー）
◎伊藤夕美子（オフィス・コパ）
本文DTP◎やなぎさわけんいち
イラスト◎アラウヨウコ
出版プロデュース◎伊藤 仁（Jin Publishing Inc.）

二〇二三年（令和五年）一月六日　初版第一刷発行

Dr.《ドクター》・コパの金運爆上《きんうんばくあ》げ！
一日一風水《いちにちいちふうすい》

著者　小林 祥晃
発行者　石井 悟
発行所　株式会社自由国民社
東京都豊島区高田三―一〇―一一
〒一七一―〇〇三三　https://www.jiyu.co.jp/
電話〇三―六二三三―〇七八一（代表）
造本　ＪＫ
印刷所　新灯印刷株式会社
製本所　新風製本株式会社